地獄の方程式

こう考えたら
あなたも
真夏の幽霊

大川隆法

まえがき

様々《さまざま》な霊人の霊言《れいげん》集を出してきた。もちろん天上界《てんじょうかい》に還《かえ》った有名人が多いが、この世的には地位も名誉もお金も手に入れながら、地獄に堕《お》ちて苦しんでいる霊人も紹介《しょうかい》されている。意外な、と思われる人もいるだろう。

また、霊言集ファンにとっては、「ところで自分はどこへ往《ゆ》くんだろう」という疑問が頭にこびりついて離れないだろう。

そこで本書では、どういう考え方を持ち続け、どういう人生を生きたら地獄に往くかを「方程式《ほうていしき》」化することを試みた。

折しも、例のガリレオシリーズで有名な湯川准教授（物理学者）が殺人事件の謎解きをする『真夏の方程式』がこの夏、映画として公開されるようだ。「実に面白い」。

殺人事件などを起こした人が、死後どうなるかの、物理学的方程式が必要だろう。エンターテインメントには続きがあるのだ。

二〇一三年　六月十二日

幸福《こうふく》の科学《かがく》グループ創始者兼総裁《そうししゃけんそうさい》　大川隆法《おおかわりゅうほう》

目　次

contents

1 悪霊になる人の共通点

2 心のなかが地獄に通じるとどうなるか

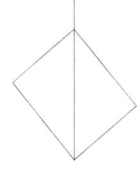

第2章

悪霊たちはこう考える「決して他人事《ひとごと》ではない六大煩悩《ろくだいぼんのう》」

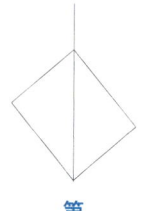

第3章 もしも悪霊に取り憑かれてしまったら

「こうすれば〝真夏の幽霊《ゆうれい》〟にならずに済む」

1 日常生活を見直すだけでも解決できる

2 経典《きょうてん》に触《ふ》れるだけでも絶大な効果

3 悪霊退散の王道は反省の習慣

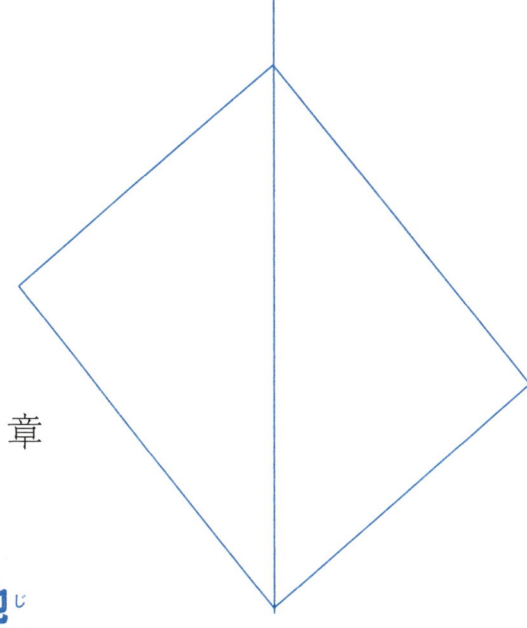

序　章

地獄《じごく》の世界

「知らなかったでは済まない霊的《れいてき》真実」

地獄《じごく》の〝殺戮劇《さつりくげき》〟は今、この同じ空間で起きている！

地獄《じごく》を単なる思想としてのみ捉《とら》えている人も数多いことでしょう。しかし、地獄は単なる思想ではなく現実にあります。現実にあるといっても、仏《ほとけ》がそれを創ったという意味ではありませんが、少なくとも、その世界に生きている者にとっては、現実さながらに感じられるということです。

みなさんが病気のとき、高熱に浮《う》かされて見る夢は、どのようなものでしょうか。それは、真っ暗で、寂《さび》しく、冷たい世界の夢でしょう。あるいは、命を狙《ねら》われて追いかけられたり、穴に落ちたり、事故に遭《あ》ったりという不幸な経験を、夢のなかでしたことがあるかもしれません。

そうしたときは、実は地獄の世界を霊的《れいてき》に垣間見《かいまみ》ていることが多いのです。すなわち、地獄とは悪夢そのものでもあると言えるわけです。

夢のありがたいところは、目覚めれば何でもないという点にあるわけですが、地獄という悪夢はなかなか覚めず、覚めるまでに何百年もかかってしまいます。地獄の住人たちは、「これは悪夢に違《ちが》いない。こんなばかなことが現実に起こるはずがない」と言い続けていますが、不思議なことに、この夢だけはなかなか覚めません。夢がリアリティー（現実感）を持っており、その世界で新たな自己をつくらないかぎり、そこから抜《ぬ》け出すことはできないのです。

天国・地獄は、目に見えない世界のどこかにあるのではありません。はるか上空に天国があるわけでもなければ、地面の下に地獄があるわけでもないのです。天国・地獄はみなさんが生きている世界と共存しています。三次元世界のなかにあの世の世界が共存しており、人々の心のなかが、そうした世界へとつながっているのです。

地上の人間の目には見えませんが、往来を歩いたり、ビルのなかで仕事をしたり、学校で勉強をしたりと、みなさんがさまざまなことをしているのと同じ空間のなかで、実は地獄や天国が展開されているわけです。みなさんから見れば、きれいに舗装《ほそう》された道路を歩いているだけであっても、その同じ空間で地獄の殺戮劇《さつりくげき》が展開されていることがありうるのです。

まったく不思議な世界ですが、そうした思い、心というものが、リアリティーを持って存在し、夢が夢でなくなるときがあるのです。したがって、あの世の世界は覚醒時《かくせいじ》と睡眠時《すいみんじ》とが逆転したようなものだと考えてよいでしょう。

人間は一生のうちに何度か、リアリティーのある夢を見るものですが、そうした夢のなかで、以前に見た夢の続きを見ることがあると思います。「これは前の夢の続きだな」と感じることがあるでしょう。そうした場合には、以前、睡眠中に霊界へ行き、そこでさまざまな経験をして地上に還《かえ》ってきた人が、再び霊界へ行って、その続きを経験していることが多いのです。

したがって、「自分は天国的な人間か、それとも地獄的な人間か」「自分の心の傾向性《けいこうせい》は、天国と地獄のどちらに向いているか」ということを知りたければ、自分が夢の世界で見るものをよく考えてみればよいのです。

平和な世界のなかで人々と喜びを分かち合っているような夢を、数多く見るならば、その人は天国的な人でしょう。反対に、いつも夢のなかで暗く寂しく厳しい環境《かんきょう》に置かれ、心が休まるときがないならば、その人は睡眠時に地獄へ行っているのです。そうした悪夢を見ている人は、それが自分の来世《らいせ》の姿かもしれないということを実感していただきたいと思います。

夢が夢でなくなったとき、あなたはどうしますか。そのとき頼《たよ》りになるのは、仏法真理《ぶっぽうしんり》(※)を知っているということです。仏法真理を学んでいるかどうかが、まさしく分かれ目となります。

生きているときに仏法真理をしっかりと学んでいれば、悪夢のような地獄の世界からどうすれば逃《のが》れられるか、その方法が分かるのです。しかし、生前に仏法真理を学んでいなかった人は、地獄には学校があるわけではないので、どうすればそこから逃れられるのかが分かりません。「知は力なり」という言葉

(※) 仏法真理……仏の真実の教えであり、人類普遍の真理。

は真理なのです。

〝サラリーマン生活〟は憑依霊《ひょういれい》でいっぱい

私は一九八一年の三月に霊的な現象を実体験し、霊界の様子が分かるようになったわけですが、その後も五年あまり、この世での生業《なりわい》として会社生活をしていました。

その間、私は、「霊的な実相《じっそう》感覚と、この世の実社会での感覚とは、ずいぶんずれがあるものだ」ということを、常々、実感していました。

この世を去った人たちは、今もなお意識を持って生活しています。彼《かれ》らは肉体的頭脳もないのに考えることができ、意見を言うことができます。生前の考えを引き継《つ》ぎながら、死後に自分が体験したことなどを追加経験として持ち、独特《どくとく》の意見を持っています。そういう人たちが、この世と混在《こんざい》した世界のなかで生活しているのです。

しかも、不思議なことに、あの世の世界からはこの世の世界が見え、あの世の霊には、この世の人の考えていることが手に取るように分かるにもかかわらず、この世からは、霊的な感覚を持っている一部の人を除いて、あの世がまったく見えません。「幽霊《ゆうれい》を見た」などという話がときどきあるように、特殊《とくしゅ》な場合には見えることがあっても、普通《ふつう》は見えないのです。

私は霊的な体験を重ねながら会社に勤めていたのですが、霊的な話というものは、まるで正反対の世界というか、この世では信じられないような話なので、当然、そういう話を会社でするわけにはいきません。

しかし、仕事をしていると、私には周りの人の霊的なものが分かり、不思議な感じがしました。一つの課のなかで机を並べている人たちに、いわゆる憑依《ひょうい》霊《れい》が憑《つ》いているのがよく分かったのです。

そして、私が仕事をしていると、その憑依霊が私にいろいろと話しかけてくるのです。これにはほとほと辟易《へきえき》しました。席替《せきが》えができないため、憑依霊の憑いている人が近くの席にいると、本当に困ったのです。

特に、性格的に非常にきつい人の場合は、憑依霊の数が一体どころではなく、もっと多いのです。四体から六体ぐらいの憑依霊が憑いている人がいて、いろいろな霊がその人を中心に動いていました。

憑依においては、その人の心と同通《どうつう》する霊がやってきて、小判鮫《こばんざめ》のようにくっつくのです。

人に対して非常にきつく、阿修羅波動《あしゅらはどう》を持って生活しているような人は、だいたい顔つきや言葉もきついのですが、そういう人には、やはりそのたぐいの霊が憑いていました。戦場で戦って亡くなったような人や、斬《き》り合いをしたような武士などの不成仏霊《ふじょうぶつれい》が、〝お客さん〟として、いつもその人のそばにいたのです。

女性には女性特有の憑依霊もいました。憑依霊を持っている女性の場合は、不思議なことに、お化粧《けしょう》をしている顔が、ふっと二重になって見えるのです。その人に憑いているものの姿がぱっと見えるわけです。

そういう職場で生活していると、だんだん疲《つか》れてきます。そこで、私は洗面所などへ行ったとき、深呼吸をして心を静め、だれか高級霊《こうきゅうれい》を呼び、「光をお与《あた》えください」というようなかたちで、精神統一をしていました。

そうしながら、鏡に映った自分の顔を見ていると、頭の上に何十センチかの後光《ごこう》が射し、そのあと、頭上に光の柱が上からサーッと下りてきます。それが鏡に映っているのです。この霊的な光は、鏡に映る以上、この世的な光の粒子《りゅうし》とも何らかの関係があるのだろうと思います。

そういうときに、光が入り、体が熱くなってきます。そうやって充電《じゅうでん》しては、また席に戻《もど》るというかたちで仕事をしていたこともあります。

しかし、この世の会社仕事をしていると、霊的な影響《えいきょう》から逃れることはできません。バスに乗っても電車に乗っても大変でした。

また、来客に会うとき、その人に憑依霊が憑いていなければよいのですが、何かが憑いていた場合には、応接間で監禁《かんきん》状態のまま憑依霊と過ごすことになります。せっかく来ている人を追い返すわけにもいかず、何とか我慢《がまん》して応対するのですが、やはり大変でした。

そのように、会社に勤めていた時代には、いろいろな人の憑依霊が働きかけてきたので、霊的にそうとう疲れ、重い感じがなかなか抜けませんでした。

うかつに霊視《れいし》ができるようになると精神病院行きになる人も

このように「霊視《れいし》」といって、霊体《れいたい》が見えたり、人のオーラが見えたり、憑依霊が見えたりするようなことがあります。

ただし、この霊視もほどほどにしないと、昼間から幽霊がいろいろ見え始めると精神病院行きになることも多いですから、あまりありがたがらない程度に抑《おさ》えておく必要があります。霊が見えてくることもありますが、「こんなものは、見えてもしょうがないんだ」と思っていますと、あまり気にならなくなって、それほど感じなくなってきます。

ところが、それに興味を持ちすぎると、道行く人や、電車のなかで乗り合わせたすべての人に、憑依霊の姿が見えたりし始めます。こうなると、人間としての生活がほとんどできなくなりますので、これはあまり歓迎《かんげい》しない程度にしておいたほうがよいのです。精神を統一したときに分かる程度で構《かま》わないと思うのです。

column

ポルターガイスト（騒霊現象《そうれい》）は強い念力《ねんりき》を持つ霊が起こす

よく「幽霊《ゆうれい》は壁《かべ》を通り抜《ぬ》けて入ってくる」という話がありますが、まったくそのとおりです。私たちの魂《たましい》も、睡眠中《すいみんちゅう》に肉体を抜け出すときには、肉体を布団《ふとん》のなかに置いて、天井裏《てんじょううら》から屋根を抜けて、ピーターパンのように空を飛んでいくことがあります。

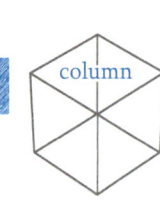

一般的《いっぱんてき》に、霊体《れいたい》というものは、地上の三次元の物質、物体を自由に素通りします。それはそれは便利なものです。

ただ、自由に物体を通り抜けることができる便利さがある反面、この世の人に影響《えいきょう》を与《あた》えるのが極めて難しいということがあります。要するに、物をつかもうとしても、それを素通りしてしまうわけですから、鉛筆《えんぴつ》一本でさえ触《ふ》れることができないわけです。そういう難しさがあります。

しかし、稀《まれ》には、「ポルターガイスト」といって、ガタガタという物騒《ぶっそう》な音を出しながら物が落ちたり飛んだり、電球が切れたり、天井がミシミシいったりするというようなお化《ば》け物語があります。これなどは、もちろん悪霊《あくれい》現象です。その霊体が、実は精神集中による非常に強い念力《ねんりき》によって起こすわけです。

そうしたことを起こしたいと強く念《おも》っていて、それに精通してきますと、ある程度、この世への干渉《かんしょう》を起こすことが可能になってきます。しかし普通《ふつう》の霊ですと、なかなかそこまで習熟しないので、地上に対する影響力を行使することは極めて困難です。

第1章

地《じ》獄《ごく》の方程式

「こうしてあなたも悪霊《あくれい》になり果てる」

1 悪霊《あくれい》になる人の共通点

誰《だれ》でも人一人くらい殺せるのに殺さないのはなぜか

人間をとりまく世界には、三次元世界とあの世の世界、この二つの世界があります。あの世の世界は「実在界《じつざいかい》」とも言われますが、人間は、実在界に本籍《ほんせき》を置いておきながら、ときどき、この世に生まれ変わってきて、そして魂修《たましいしゅ》行《ぎょう》をしてはあの世に還《かえ》る、こういう転生輪廻《てんしょうりんね》を繰《く》り返しているわけです。そして、この転生輪廻の過程のなかに、縁起《えんぎ》の法則が一本きっちりと入っている、ということを教えているわけです。どのような人間であっても、この縁起の理《り》法《ほう》から逃《のが》れることはできません。

すべてのものは、自分のまいた種をどのように育てるかによって、結果が分かれてくるのです。まいた種のことを「因《いん》」と言うならば、それをどのように育てるかということが「縁《えん》」であって、その刈《か》り取りが「果《か》」ということになります。

人間として生まれ、さまざまな諸条件の下《もと》に育っていき、その結果、来世《らいせ》、行くべき所が違《ちが》ってきます。地獄《じごく》に行く人もいます。地獄にも非常に多くの種類があります。人間が考えつくかぎりの、悪夢の数ぐらいの地獄が現実にはあります。

みなさんは、一生のうちに何度も悪夢を見られるでしょうけれども、一人が見る悪夢だけではなくて、クラスメート全員が見た悪夢をかき集めたよりも、もっと多い数の地獄というのが現実にはあります。ですから、地獄の数も、百や二百というものではなくて、本当は何千種類、何万種類とあります。

その人の心のあり方だけ、間違った心のあり方だけの地獄があります。その間違った心を持つ人が出たら、その人一人だけの地獄でも充分《じゅうぶん》つくれます。また、数が集まれば、大勢でその同じ地獄をつくっていきます。すべてが、そうした法則の下にあるということなのです。

こうしてみると、仏教的《ぶっきょうてき》世界観のなかにおいては、天国・地獄は、怖《こわ》い神様がいて、罰《ばつ》のために人々を地獄に堕《お》としたり、天国に引き上げたりしているわけではなくて、一定の法則の下にすべてがなされている、ということがお分かりだろうと思います。

これはそのとおりで、魂の法則があるのです。魂がどういうことを経験すれば、より仏《ほとけ》に近い方向であり、どういうことを経験すれば、より地獄に近い方向であるかということは、もうはっきりと決まっているのです。

そういう一定の法則が決まっているなかにおいて、今世《こんぜ》の数十年を生きているときに、人間は自由意志でもって選択《せんたく》行動を起こします。何を選ぶか、それについては完全な自由が許されております。

もちろん、地球に住んでいるということ、人間という生物であること、あるいは人間である以上、食べないと生きていけないということ、また、他の人間関係のなかに置かれているということ、そのように条件づけられた存在であることは事実ですけれども、その一定の条件の下で、自由に考え行動することができるのです。

例えば、誰《だれ》だって、本気でその気になれば、人の一人ぐらいは殺すことが可能でしょう。それは可能だろうと思います。しかし現実には、そうしようとはしません。それは、「そういうことは、してはいけない」というブレーキが心にかかるからです。なぜ、「してはいけない」と思うか。それについては充分な理由が自分ではつけられないかもしれませんが、なぜか、「そういうことは、するべきではない」ということを知っております。「それをすると大変なことになる」ということを知っています。

それが、転生輪廻の過程で学んできた「善《ぜん》とは何か」という知識であるわけです。それが、魂のなかに熏習《くんじゅう》されて染み込《こ》んでいるわけです。

「俺《おれ》が、俺が」「私が、私が」が地獄霊《じごくれい》の口癖《くちぐせ》

私は地獄という世界にいる人に数多く会って、話を聞いてきました。すべての人が苦しみのなかにあります。それが自覚的であるかどうかは別として、少なくとも普通《ふつう》の人間から見たら、苦しみのなかにあります。闘争《とうそう》と破壊《はかい》、執着《しゅうちゃく》、混乱、惑乱《わくらん》、嫉妬《しっと》、羨望《せんぼう》、戦い――それも悪い戦いであって、自己欲《じこよく》のための戦い、醜《みにく》い争いです――そうしたものに満ち満ちた世界です。

そして、どのような霊もみな、「自分がかわいい」という気持ちでやっているのです。自分がかわいいのに、自分が苦しんでいる。このギャップが埋《う》められないので、ますます不満感が増大する。人のせいにし、環境《かんきょう》のせいにする。

自分がかわいいがゆえに、自分を苦しめている。こんな、まったく正反対の現象が現実に起きているのです。

この地獄霊《じごくれい》たちのかわいそうなところは、みんな自分中心だということです。「俺《おれ》が、俺が」「私が、私が」と言っています。その自分を捨てさえすれば幸福になれるのに、捨てることができないのです。

そして、その「自分」というのは、本当の意味での霊的《れいてき》な自己、仏《ほとけ》の光を受けた自分、仏の光から岐《わか》れた自分ではなくて、三次元的な意識のなかで熏習され、飼い馴《な》らされた自分なのです。どこそこに生まれて、どんな家柄《いえがら》に生まれて、どんな教育を受けて、どんな就職をして、どんな地位について、どんな収入があって、どんな奥《おく》さんがあって……という、要するに、今世、赤ちゃんとして生まれて育った過程で得られた環境や、思想や教育や信条によってできてきた自分なのです。この自分から離《はな》れられないのです。

「私は大臣である。その私がこんな扱《あつか》いを受けるのは納得がいかない」「私は大企業《きぎょう》の社長である。大企業の社長がここにいるのに、車が迎《むか》えに来ない」――こんなことを地獄で言っている人がいます。本当に恐《おそ》るべきことです。「私は総理大臣である。それなのに、なんだ、この扱いは。おかしいではないか。誰か来ないか。誰かいないか」と怒鳴《どな》っている方もいます。すべて自分中心で、何が本当に間違っているのかが、さっぱり分からないのです。

「社会も悪い。家族も悪い」と言って自分を反省できないタイプは危ない

死後、暗い世界に堕ちた人は、最初は、たいていの場合、「神も仏もあるものか」と仏神《ぶっしん》を恨《うら》みます。そして、「社会も悪い。政治も悪い。家族も悪い。何もかもが悪い」と、盛《さか》んに言います。

その段階が一通り終わって、自分の責任を自覚し、「自分のどこが悪いのか」

というところにまで反省が及《およ》んでこないと、次の段階である救済には、なかなか入れません。そこで、本人の自覚を促《うなが》すという意味で、地獄という苦しい世界があるのです。

地獄では、「暗い」「寒い」「怖《こわ》い」「厳しい」など、人間が「嫌《いや》だ」と思うものがすべて出てくるので、そこが地獄であるかどうかは、霊界知識があれば、かなり明確に判断できます。

あの世に還って、もし周囲が暗かったら、「天国も、今は夜なのかな」と思うかもしれませんが、天国に夜はないので、「いつまでも夜が明けない。妙《みょう》に夜が長いな」と思うときには、そこは天国ではないのです。

また、「ずいぶん寒いな」と感じたり、「ずいぶん鬼《おに》に叩《たた》かれるな」「お腹《なか》が空《す》いて、しかたがない」「体が自由に動かなくて苦しい」などという場合も、そこは天国ではないと思って間違いありません。

「苦しさ」「寂《さび》しさ」「暗さ」「孤独《こどく》」などを感じる場合には、天国ではないと考えてよいのです。

犯罪者だけが地獄に堕ちると思ったら甘《あま》い

「善霊《ぜんれい》」との対比上、天国に還っていない不成仏霊《ふじょうぶつれい》や地獄霊を総称《そうしょう》して、「悪《あく》霊《れい》」と呼んでいますが、強烈《きょうれつ》な怨念《おんねん》を持った、復讐心《ふくしゅうしん》の強い霊のことを、「悪《あく》霊《りょう》」と呼び分けることもあります。

地上世界で数十年生きて、死後、悪霊《あくれい》になるのは、いったいどのような人でしょうか。極悪非道《ごくあくひどう》の罪を犯《おか》した人でしょうか。それとも、お金儲《かねもう》けに熱心だった人や、権勢欲のままに生きた人でしょうか。あるいは、間違った思想を世に弘《ひろ》めた人や、間違った宗教を信じた人でしょうか。

確かに、そうした人たちも地獄に堕ちることはあります。しかし、「死後、悪霊になる可能性は、すべての人に平等にある」と言わざるをえません。悪霊になっているのは特殊《とくしゅ》な人だけではなく、家族や隣《となり》近所の人など、ごく平凡《へいぼん》な人も多いのです。

宗教人のなかには、やや左翼《さよく》がかった宗教思想を信奉《しんぽう》し、「金持ちや政治家、出世した人は、みんな地獄に行く」といった極端《きょくたん》な思想を抱《いだ》く人もいます。しかし、こうした人は、仏陀《ぶっだ》やイエスが弱者に優しく、世俗《せぞく》権力に対しても精神的優位に立っていたという面を、自分自身の個人的ルサンチマン（怨恨《えんこん》、憎悪《ぞうお》、嫉妬などの複合心理）と混同しているのです。

人間は、貴賤《きせん》にかかわらず、あるいは、金銭や学歴、権力の有無《うむ》にかかわらず、その心が同通《どうつう》する世界の住人なのであり、死後、自分の心の友人たちと同じ世界に赴《おもむ》くのです。

「しつこい性格」の人はご用心《ようじん》！

例えば、他人の言葉を非常にストレートに受け止める傾向《けいこう》がある人がいます。人から厳しいことを言われたりすると、それをストレートに受け止め、長く抱き続けてしまい、「えっ？　まだ、そのことを考えていたの？」というようなことがあるようです。言ったほうは、そのときの気持ちを率直に述べただけであって、翌日にはすっかり忘れているのに、言われたほうは何年も考え続けているわけです。

それは、まじめな性格と言うべきなのかもしれませんが、しつこいと言えば、しつこい性格です。そのしつこさは、死後に幽霊《ゆうれい》になりやすい性格でもあるので、気をつけたほうがよいでしょう。幽霊にならないためには、さっぱりした性格が求められるのです。さっぱりした性格の幽霊は、あまりいません。

幽霊になるタイプの人は、みな、しつこくて、同じことを何年も言い続けるような、執着、執念を持っています。何かに対して、強い執着、執念を持っていたり、〝不成仏〟の思いを忘れられなかったりするのが、「幽霊の原則」なので、なるべく、カラッとして、さばさばした性格をつくっていくことが、「幽霊にならないための条件」なのです。

〝死後、悪霊になるための法則〟10

やや変則的な言い回しではありますが、〝死後、悪霊になるための法則〟を挙《あ》げるとすれば、次のような生き方がそれに該当《がいとう》するでしょう。

①仏神を信じようとしないだけでなく、積極的に非難、攻撃《こうげき》した人たち。（仏典説《ぶってんせつ》）

②現成《げんじょう》の仏陀に対して、非難や中傷《ちゅうしょう》、攻撃をしたり、実害を及ぼしたりした人たち。（仏典説）

③仏法真理《ぶっぽうしんり》を信じている人をいじめたり、悩《なや》ませたりした人たち。(仏典説)
④確信犯的に、あの世や霊の存在を否定し、この世のみに執着した人たち。
⑤「人を愛し、世の中のために生きる」ということの大切さを、ついに理解しなかった人たち。
⑥欲望が深く、カッと怒る心が強く、精進《しょうじん》する心のなかった愚《おろ》かな人たち。
⑦心に精神性が生じず、肉体と物質以外の存在が理解できなかった人たち。
⑧典型的な刑事犯《けいじはん》で悪行《あくぎょう》を続けた人たち。
⑨この世的には、うまく立ち回って成功したように見えても、腹黒《はらぐろ》かった人たち。
⑩総じて、「自分が悪かった」とは決して言わず、反省心を持たなかった人たち。

このほかにも、〝死後、悪霊になる方法〟はたくさんありますが、宗教的に見て代表的なものを挙げてみました。

心の内を他人に見られても平気かどうかが運命を分ける

結局、私が言いたいのは、「悪霊とは、どこか遠い世界にいるもののことではない」ということです。悪霊は、あなたの身近にもいるし、あなた自身もそうなるおそれがあるのです。

現在、自分の心が善《ぜん》の状態にあるのか、それとも悪の状態にあるのかは、自分の心の内を見つめる習慣のない人には分かりません。普通は、肉体が消滅《しょうめつ》し、この世を去ったあと、初めて自分の心の善悪《ぜんあく》に気づきます。

その際、それをなかなか自覚しない人のために、「類《るい》は友を呼ぶ」の法則どおり、自分と同じ傾向性を持つ人ばかりが集まる世界の住人となるのです。

虎《とら》は虎、狐《きつね》は狐、犬は犬で群《む》れることによって、各集団の特性が明らかになるように、優しい人は優しい人の集団に、嘘《うそ》つきは嘘つきの集団に、人殺しは人殺しの集団に、邪悪《じゃあく》な心を持った人はそうした人の集団にというように、自分と同類の人たちの集団に属することで、自分の本性《ほんしょう》が何であるかを悟《さと》るようになっているのです。

自分が死後に悪霊となるか否《いな》かは、「自分の現在の心の内を、他人に見られたとしても、恥《は》じるところがないかどうか」ということを点検すれば、自明《じめい》の理《り》でしょう。自己の心中《しんちゅう》の悪に厳しい聖者《せいじゃ》も例外的には存在しますが、普通はこの基準で判断できるのです。

2 心のなかが地獄《じごく》に通じるとどうなるか

死後、醜《みにく》い動物の姿に変わり果てるのはどういう人か

霊的《れいてき》な世界には地獄《じごく》があるということを述べました。地獄については、昔話などで聞いていたにせよ、実際に地獄に直面した人の衝撃《しょうげき》は大きなものだと思います。

話に聞いていたとおり、さまざまな地獄があって、鬼《おに》のような存在もいれば、悪魔《あくま》のような存在もいる――。そうしたことを実際に目の当《ま》たりにして、人々《あ》は驚《おどろ》くはずです。なかには、身長が三、四メートルと大きい、鬼のような霊人《れいじん》

もいれば、刃物《はもの》を持って追いかけてくる者もいます。

色情《しきじょう》地獄においては、血の池のなかで人間がのたうち回っています。

また、餓鬼《がき》地獄においては、昔の飢饉《ききん》のときに死んでいった農民たちのような、骨と皮《かわ》ばかりの姿で、「食べ物が食べたい、食べたい」と言って苦しんでいる人たちがたくさんいます。

それから、畜生道《ちくしょうどう》という所が現実にあります。そこでは人間はもはや人間の姿をしていないのです。芥川龍之介《あくたがわりゅうのすけ》という作家が畜生道に堕《お》ちた人の話を小説に書いていましたが、その小説と同じように、体が馬で顔が人間、体が牛で顔が人間、体が豚《ぶた》で顔が人間――こうしたものが現実に存在するのです。また、大蛇《だいじゃ》となって地獄の地面を這《は》っているものもいます。

こうしたものたちは、なぜ自分がこのような姿になったのかということが分からずにいます。それは彼《かれ》らが霊の本質を知らないからです。霊の世界は、思ったことが実現する世界なのです。

彼らは生前、「心のなかで思ったことは、心の世界においてすでに実現している」ということを知らず、そのため、「心のなかは外からは見えないから、どのような思いを持っていても構《かま》わない」と思って生きていたのです。

肉体を持っていたとき、その心が透《す》き通しで、何もかも見通されてしまったならば、恥ずかしくて、とても人前には出られないような生き方をしていた人たちは、あの世の世界、霊の世界に還《かえ》ると、心のなかをすべて見られてしまい、また、霊界では自分の思ったとおりの姿になるということを知って、愕然《がくぜん》とするのです。

地上にいるときに、人に対する妬《ねた》みや恨《うら》みを持って生きていると体が蛇《へび》に変わったりするならば、人間はすぐに自分の間違《まちが》いに気がつくでしょう。ところが、三次元の法則のなかで生きていると、そうしたことがないために、生前は自分の間違いを知らないでいるのです。

しかし、あの世では、思ったことはすぐ実現します。例えば、異性のことばかりに心を悩《なや》ませている人は、色情地獄に堕ち、異性ばかりを追い求めます。

また、狐《きつね》のように、人を騙《だま》すことばかりに汲々《きゅうきゅう》としている人は、あの世では狐のような姿となります。蛇のように、しつこくしつこく人を妬み、恨んでいる人は、やはり蛇のような姿になります。これ以外にも、さまざまな動物の姿になっていきます。

そして、動物霊のようになった人間霊が、地獄の苦しさから逃《のが》れるために、一時期、地獄から這い出そうとして、地上の人間に憑依《ひょうい》するのです。

異性に狂《くる》った人に取り憑《つ》く霊とは

憑依といっても、まったく何の関係もない人に憑依できるわけではありません。自分の心のなかに地獄をつくっている人にだけ憑依できるのです。生きている人間は心のなかにさまざまな想念《そうねん》の世界をつくっていますが、心のなかに地獄をつくっている人には地獄霊が入れるのです。

心のなかに色情地獄をつくっている人のところには、色情地獄霊が来るし、心のなかに動物地獄、畜生道をつくっている人のところには、動物のような霊がかかってきます。また、心のなかに無間《むけん》地獄をつくっている人、すなわち、心が思想的、宗教的に病《や》んでおり、人々を間違って指導している人のところには、無間地獄に堕ちた宗教家や思想家たちが取り憑《つ》いてきます。

結局、地獄というのは、心の世界のなか、想念のなかにあるわけです。地獄霊が憑依するのは、生きている人間の心のなかに地獄界があるからです。そのなかに地獄霊が入り込《こ》んでくるのです。こうした不思議な世界の仕組みについても、みなさんは知っておかなくてはなりません。

「人の不幸は蜜《みつ》の味」などと思っている人がたどる哀《あわ》れな末路《まつろ》

地獄という世界は、たいへん厳しく苦しい所です。そして、暗い所です。決して、楽しく明るい世界ではないのです。

地獄霊たちは、少しでも、その苦しみから逃れて楽をするために、この地上界に出てきて、自分と同じような傾向《けいこう》を持っている人間、自分と同じような憎《ぞう》悪《お》や怒《いか》り、嫉妬《しっと》の心などを持っている人間に取り憑きます。そうしている間、彼らは、人間として生きているような気持ちを味わうことができるのです。それが目的で彼らは地上に出てきて、地上の人間に憑依し、人々を狂わせていくのです。

みなさんのなかにも、他の人の不幸を見て喜ぶ気持ちが多少はあるでしょう。まったくないとは言わせません。他の人々の不幸や失敗を見て、それを喜ぶ気持ち、ほっとする気持ちが必ずあるはずです。それが実は地獄霊との接点なのです。この「他の人の不幸や失敗を見て喜ぶ気持ち」のところに縄梯子《なわばしご》を掛《か》け、地獄から這い上がってくるものがいるのです。

そういうものが取り憑くと、あるときには、さまざまな病気を起こし、あるときには、人間関係を不調和にし、あるときには、会社の事業などを破滅的《はめつてき》な状態に落とし込み、あるときには、詐欺師《さぎし》のような人間を信じさせて、身の破滅を招かせるようになります。また、家庭のなかに悪霊が入り込むと、家庭内で不和《ふわ》が起きてくるようになるのです。

その出発点は、他の人に対する嫉妬心や、他の人の失敗を見て喜び、少しでも自分の不幸が減ったように感じる心です。こういう情けない心が、実は地獄霊を呼び込んでいるのです。

誰《だれ》でも簡単に〝霊能者《れいのうしゃ》〟になってしまう方法

また、悪霊《あくれい》は、お酒を飲むと非常に入りやすくなります。

それは、夜の十時以降、渋谷《しぶや》や新宿に行って、駅頭や駅のホームなどにいる酔《よ》っ払《ぱら》った人たちの姿を見れば分かるでしょう。

ああいう姿になると、その辺をうろうろしている浮遊霊《ふゆうれい》等が幾《いく》らでも入ってこられる状態になります。そのため、人格がコロッと変わって、何か訳《わけ》の分からないことを叫《さけ》んでいたりしますが、本人は、たいてい覚えていません。そういうときには、いわゆる憑依霊《ひょういれい》現象によく似た状態が起きていて、別人格になるのです。

そこまではいかない場合でも、会社の帰りに同僚《どうりょう》などとお酒を飲んでいる人のなかには、「お酒が一定の量を越《こ》すと人格が変わる」という人がよくいるはずです。文字通り、人格が変わっているのです。理性のほうが弱ってくると、霊が入ってきやすくなり、実際に、自分以外の人の霊が入って話しているわけです。

たいていの場合は、その人に固有の不成仏霊《ふじょうぶつれい》のようなものがいるので、そういうものが出てきやすくなるのでしょう。

その人の人格の悪いところが急に出てきて、普段《ふだん》は言わないようなことを言ったり、乱暴な言葉を吐《は》いたり、暴力を振《ふ》るったりします。

あるいは、普段はもう少し穏《おだ》やかな人なのに、見境《みさかい》なく女性に抱《だ》きついたり、キスをしたり、エッチなことをし始めたりするようなことが起きます。そういう状態になるのです。

その意味で、「お酒には、インスタントな霊能者《れいのうしゃ》をつくる働きがある」ということが分かります。

同じ場所で自殺が繰《く》り返される本当の理由

ウツの状態が長く続く場合も、少なくとも三カ月以上も続くようであれば、何らかの悪霊の憑依があると考えて間違いないだろうと思います。

心の針《はり》（思い）は、時計の針と同じように、三百六十度、どの方向にでも向くようになっていて、天上界《てんじょうかい》にも地獄界にも向くわけですが、ウツの状態は、ちょうど、それが地獄界のある一点を指して止まっている状態です。

その結果、その方向にある地獄界にいる存在が、その人の心に同通《どうつう》するのです。そのため、似たような仲間が寄ってきます。迷っている霊が来て、その人に取り憑くことが可能になるのです。

例えば、ウツで自殺した人は、なかなか天上界には上がれません。通常は、その人の本来の寿命《じゅみょう》が来るころまでは上がれないのです。それまでの間は、生きている人間のなかで、自分とよく似た人を探していて、そういう人を見つけたら、その人に取り憑き、生前の自分と同じようなことを、その人にも起こそうとしたりします。そして、地獄の世界に引きずり込もうとするのです。

海に飛び込んで自殺した人だったら、憑依した相手を海に引きずり込むし、ビルから飛び降りた人だったら、そのあたりにいる、悩みながら歩いている人を、スーッと持っていって、飛び降りさせたりします。踏《ふ》み切りや駅のホームで電車に飛び込んだ人は、迷って、死にたがっているような人にパクッと憑いて、電車に飛び込ませます。これは、「一瞬《いっしゅん》、魔が差す」というような感じです。一瞬、引きずり込まれて、やられるのです。

したがって、自殺は、本人の自由意志だとは必ずしも言えないのです。心に隙《すき》があるとき、あるいは、自殺した人と同じような心になっているときに、そういう霊に取り憑かれて、自分も自殺することがあるのです。

しかし、取り憑いた相手が自殺したとしても、取り憑いていた霊は、それで幸福になるわけではありません。そのため、また、違う相手を見つけます。そして、憑依された人が自殺すると、その人もまた不成仏霊になって、一人だった不成仏霊が二人に、二人が三人、四人にと増えていきます。そういう意味で、よくないのです。

何回も自殺が起きる所には、だいたい、不成仏霊が何体もいて、人に取り憑いています。そういう不成仏霊は、せめて仲間を増やそうとしているか、あるいは、自分が死んだこと自体がまだ充分《じゅうぶん》に分かっていなくて、「自殺しそこねた」と思い、生きている人間に憑いて、もう一回、自殺しているのです。

ですから、「基本的には、自殺の名所《めいしょ》のような所には、あまり近寄らないほうがよい」ということです。心が弱っているとき、そういう所に行くと、フッと憑依され、衝動的《しょうどうてき》判断で自殺に引きずり込まれます。自殺者が多いような所には、基本的に行かないほうがよいのです。

また、「波長同通《はちょうどうつう》の法則」というものがあるので、自殺者の霊と同じような心を持たないことが大事です。

最近は、病院で死ぬ人も大勢います。そこで病気が治ることもあるのでしょうが、死んでいる人もたくさんいるので、病院には不成仏霊がずいぶんいるだろうと思われます。そういう所では、あちこちで憑依されやすいのです。病院には、そういう怖《こわ》い面はあるように思います。

3 悪霊《あくれい》に憑依《ひょうい》されているかどうかを見分けるポイント

夫婦喧嘩《ふうふげんか》が絶えず相手が悪く見えてしかたがないとき

悪霊《あくれい》に憑依《ひょうい》された場合の典型的な感覚は、自分でもチェックすることが可能です。それは、他人でも身内でもいいのですが、そうした人たちが自分にはどう見えるか、ということで判断できます。

例えば主婦であれば、毎日毎日、朝から晩まで、自分の夫の悪いところばかりが見えてしかたがなく、振《ふ》り返ってみれば、「結婚《けっこん》当時からずっと、あれもこれも悪かった。そもそも、結婚そのものが間違《まちが》っていたのではないか」と思えるような場合には、九十九パーセント、悪霊がいると思って間違いありません。

実際に夫のほうが悪い場合も一部あるので、そうした見方が完全に間違っているとは言えません。そのとおりであることも、たまにはあります。しかし、何もかもが悪く見えてくるような場合は、たいてい悪霊の支配を受けていることが多いのです。

悪霊が入ってくると、価値観がガラッと変わり、すべてが悲観的、否定的に見え、悪く見えてくるのです。

そして、人に対して、きつい言葉、悪い言葉、辛辣《しんらつ》な言葉、中傷《ちゅうしょう》する言葉が、次から次へと出てきます。そうすると、相手もそれで毒《どく》を喰《く》らうので、相手からも応酬《おうしゅう》が来ます。

それが繰《く》り返されると、だんだん家庭のなかが荒《あ》れてくるのです。

夫婦喧嘩《ふうふげんか》が絶えないと、当然、子供にも影響《えいきょう》が出てきます。子供が、ケガや病気をしたり、非行《ひこう》に走ったり、犯罪行為《はんざいこうい》をしたりするようなことになります。

家庭のなかに悪霊が入ると、そうした状態になってくるのです。

「尻尾《しっぽ》や角《つの》、牙《きば》が生《は》えても似合う顔」になったら要注意

自分が憑依されているかどうか見分けるには、簡単なものとして、「鏡を見る」という方法があります。鏡で自分の顔を見れば、悪霊に憑依されている〝悪《あく》霊顔《れいがお》〟は、ある程度、分かるものなのです。

正直なもので、精神生活が貧しいと、それが、だんだん顔に表れてきます。本当に、尻尾《しっぽ》や角《つの》、牙《きば》が生《は》えても似合う顔になってくるのです。

長年、憑依霊と〝同居〟していると、憑依霊の傾向《けいこう》が自分の個性になりつつあることは事実です。長い人の場合は、十年以上も悪霊と一緒《いっしょ》にいますが、十

年ぐらい一緒にいると、もう、どちらがどちらか分からないようになってくるのです。

普通《ふつう》は、死んで、あの世に行ってから、来世《らいせ》で鏡やスクリーンを見せられ、生前のことを反省して、あの世での行き場所が決まるのですが、憑依霊の傾向が自分の個性の一部にまでなり、憑《つ》いている悪霊が自分自身であるかのようになった人は、死ぬと、即《そく》、その悪霊と同じ世界へ真《ま》っ逆《さか》さまに堕《お》ちます。「反省の余地《よち》なし。点検される余地なし」と、問答無用《もんどうむよう》で引っ張っていかれるのです。

憑依霊が四、五体を超《こ》えると、だいたい、そういう傾向が強いのですが、特に、悪魔《あくま》、魔王、あるいは、小悪魔《こあくま》という、悪魔に近い強いものが憑いている場合には、たいていはグワッと引っ張っていかれます。

本人の個性の段階にまでなっている場合には、もはや、あの世に還《かえ》ってから生前の生き方を点検する余地がないのです。そういう人は、要するに、「生きながらにして地獄《じごく》に生きている」ということです。死んでからのちに地獄があるのではなく、生きながらにして、すでに地獄を生きているわけです。

耳元《みみもと》でささやく声が聞こえたら悪霊が……

また、霊の声が聞こえてきたときに、それが耳のあたりでささやくというのは危ないのです。耳元《みみもと》でささやくのは、だいたい悪霊です。悪霊が来ていると、頭にお椀《わん》をかぶったようになることが多いので、耳元でいつもささやく声が聞こえるというのは危ないのです。守護霊《しゅごれい》の場合は、そうではなくて、内側から響《ひび》いてくるというのが普通です。

それと、もう一つは、それをチェックする基準として、面白《おもしろ》いのですが、温《あたた》かい感覚と寒気《さむけ》があります。

悪霊が来た場合には、鳥肌《とりはだ》が立ち、周りの空気の温度が下がって、寒いのです。多少、気温が下がっているような感じを受けるのですが、霊的《れいてき》感覚かもしれません。そういう寒気のするようなものは「違う」と思って、まず間違いありません。霊の声が聞こえてきて、寒気がしたり、ときどき鳥肌が立ったりしたら、これは明らかに違います。単純な場合には一発で分かります。

複雑な場合には、悟《さと》られないように、向こうが努力していることがあります。このときは難しいのです。その場合には、話をしていても、最初の段階では寒気がしないのです。それで、いろいろ話をして、騙《だま》されることがありますが、その場合でも、悪霊だと見抜《みぬ》いた瞬間《しゅんかん》に必ず寒気がします。それを見抜けないで、高級霊《こうきゅうれい》だと思っている間は、寒気を感じないのです。これを見抜くことも大切です。

霊の声が聞こえると思ったら、悪霊かどうかという目を持って点検することです。このときに、うぬぼれの気持ちがあり、「自分には高級霊しか来るはずがない」と思っていると、必ずやられます。したがって、いちおう点検する必要があります。

「死にたい」「殺してやる」と言い出したら危険信号

悪魔や魔王が地上の人間に取り憑いた場合、その人が口癖《くちぐせ》のように言い出すことがあります。自分の意識がしっかりしているうちは、すぐ、「死にたい、死にたい」と言い出します。一方、自分の意識があまりしっかりしていない場合には、「死ね、死ね」という声や、「殺してやる」という声が聞こえてくるようになります。だいたい、これは共通しています。

悪魔や魔王がずっと狙《ねら》っていると、「死ね、死ね」という声が、毎日、聞こえてきて、それが耳から離《はな》れなくなるのです。一種の「自殺のすすめ」です。

そして、ふと気がつくと、断崖絶壁《だんがいぜっぺき》の際《きわ》に立っていたり、首を吊《つ》るロープを準備していたり、刃物《はもの》で自分の体を傷つけていたりするようなことが起きます。

今、十代ぐらいの若い人には、リストカットなどをする人が数多くいますが、小悪魔程度の者に憑かれている可能性はあります。

昔であれば、十代というと純粋《じゅんすい》な年代でしたが、今は大人になるのがかなり早いので、小学校の高学年ぐらいから、小悪魔に取り憑かれるような考え方を持つ人が増えています。

悪魔は、人に対する呪《のろ》い、恨《うら》みつらみの心を持っていて、「殺してやる」というような言葉を吐《は》く連中《れんちゅう》なのです。

これは、普通に考えれば、おかしいことは誰《だれ》にでも分かりますし、常時《じょうじ》、取り憑いてくるようになると、言動が異常になり、それが病気と認定されれば、精神科のほうに回されて、病院に入れられるわけです。

病院では、「薬によって、性格を穏《おだ》やかにさせ、眠《ねむ》らせる。精神を安定させる」という対応をしていますが、霊の声が聞こえたり、その姿が見えたりするというのは、嘘《うそ》ではない場合が多いのです。憑いている霊と、常時、一体になっていると、実際に、声が聞こえてきたり、姿が見えてきたりすることがあるのです。

ただ、常識的な頭で考えてみれば、「死ね、死ね」と言ったり、「殺してやる」と言ったりする者が、天上界《てんじょうかい》の存在でないことぐらいは分かるはずです。たとえ、その者が、自分の父親や母親を名乗ったり、あるいは、おじいさんやおばあさん、自分の先生だった人などを名乗ったとしても、天国に還っている者であれば、そういうことを言うはずがありません。

「身体《からだ》が重くなって首や肩《かた》が凝《こ》る」のも憑依現象

憑依霊が憑くと、霊能者でなくても身体《からだ》が重く感じてきます。首や肩《かた》が凝《こ》ったり、背中《せなか》や腰《こし》が重くなったり、何となく重い感じがするのです。

そして、そうした生活をしていると不機嫌《ふきげん》になってくるので、どうしても人間関係がうまくいかなくなり、悪《あく》の循環《じゅんかん》が始まります。

憑依霊が一体だけなら、まだましなのですが、このように悪《わる》い人格ができてくると、二体目、三体目と、次のものがやってくるのです。

私は、四、五体の悪霊が憑いている状態の人と、近くで少し話をするだけで、空気が汚染《おせん》されてくるのを感じます。そうした人の近くは空間が歪《ゆが》んでいるのです。一、二体ぐらいであれば、まだ呼吸ができますが、どのような顔の人なのかが分からなくなるほど、いろいろなものが憑いている人だと、地獄臭《じごくしゅう》がして、空気まで毒《どく》されて感じられるのです。

ただ、ある変な宗教団体が言っているように、「何百体も何千体も悪霊が憑く」ということは、ありえません。これまでに最も多いと思ったのは十体ぐらいです。そのくらいが限度です。

人間の身体は小さいので、それほど数多くは憑けません。何体も憑くと、憑依霊どうしが喧嘩《けんか》をしてしまい、負けたほうは憑いていられなくなるので、それほどたくさんは無理なのです。

かなり重症《じゅうしょう》の人は、四、五体ぐらいまでは持っていることがありますが、普通は、〝おなじみさん〟が一体か二体いることが多いということです。

4 地獄《じごく》に堕《お》ちるときの3つのパターン

① 最もひどい人は、真《ま》っ逆《さか》さまに落ちる

臨死《りんし》体験の報告は、ほとんどが、安らいだ世界に行く話なのですが、そうではない場合もあります。安らいだ体験でない場合には、あまり発表したがらないのかもしれませんが、地獄《じごく》の体験をしている人も、現代では、けっこう多いはずです。

最もひどい人になると、「真《ま》っ逆《さか》さま」という形容そのもののかたちで落ちていきます。

そういう場合の落ちていく感覚は、あくまでも主観的なものですが、本当に

地球の中心部ぐらいまで落ちたように感じます。何百キロ、何千キロと落ちていき、どれだけの距離《きょり》を落ちたか分からないぐらいです。エレベーターのロープが切れたような、あるいは、底なしの井戸《いど》に飛び込《こ》んだような感じで、深い所まで落ちていきます。落ちていく間の時間も距離も分からないぐらいなのです。

そして、どこかで止まります。

ところが、周りが真っ暗で何も分からず、手探《てさぐ》り状態になることもあります。ちょうど夜明け前のような暗さです。寒さと孤独感《こどくかん》のなかで、しばらくじっとしていると、やがて、うっすらと周りが見えてきます。

それからあとの光景は、幸福の科学が製作した映画「ヘルメス——愛は風の如《ごと》く」「太陽の法《ほう》」（共に製作総指揮・大川隆法）などに出てくる地獄界の描写《びょうしゃ》によく似ています。

そういう暗い世界にいる場合もあれば、ボコッボコッと溶岩《ようがん》や火が噴《ふ》き出す場所の近くにいる場合もあります。

あるいは、落ちるや否《いな》や、何ものかが襲《おそ》ってくる場合もあります。みなさんも、高熱を出したときなどに、「刀を持った人や棍棒《こんぼう》を持った人、マシンガンを持った人などに追いかけられる」という怖《こわ》い悪夢を見たことがあるでしょう。

そのように、下に落ちてしばらくして、「自分を害そうとするものが追いかけてくる」という恐怖《きょうふ》体験をする人もいます。リアルで実感があります。

いつも「人から害される」と思って人生を生きていた人は、地獄へ行って、そういう体験をすることが多いのです。

この世界は広大無辺《こうだいむへん》であり、いろいろな話が無限にあります。

②それほど罪が重くない人は、歩いて下りていく

今は、病院で死ぬ人が多いので、たいていの人は、病院のベッドの上で幽体《ゆうたい》

離脱《りだつ》をして、トンネルを抜《ぬ》け、三途《さんず》の川を渡《わた》り、あの世へ行きます。

その後、教会やお寺に行って、反省をさせられ、行き先が決まります。

その結果、四次元精霊界《せいれいかい》で修行《しゅぎょう》をする人もいれば、「自分の人生は不合格でした。すみませんでした」と反省文を書いて、地獄でどのくらいの修行が必要かを守護霊《しゅごれい》たちと相談して決め、地獄へ行く人もいます。

「こういう人生だと、カルマの刈《か》り取りをするためには、地獄で、この程度の修行は要《い》る」ということになり、「あなたの行き先はこちらです」と言われ、そちらのほうへ歩いていくと、美しい草花が咲《さ》いている、なだらかな丘《おか》から、サーッと下り坂が始まります。その下り坂を、とぼとぼと歩いて下りていかなければなりません。コースは幾《いく》つかありますが、下り坂を下りていくのです。

そうすると、しだいに周りの景色が変わってきます。きれいなお花畑だったものが、ちょうど、浅間山《あさまやま》や阿蘇山《あそさん》などの溶岩荒原《ようがんこうげん》のような、ごつごつした岩《いわ》肌《はだ》の地面になってきます。木は灌木《かんぼく》になり、しかも、まばらになってきます。

歩いていくにつれて、だんだん薄曇《うすぐも》りになり、周りが暗くなってきて、気温が下がってきます。

そのように、下っていきながら少し旅をするのですが、その間に、いろいろな経験をします。

地獄界との境目《さかいめ》には、いろいろなものがあり、さまざまな人と出会うことがあります。そのあたりで迷っている人もたくさんいます。他の人を惑《まど》わす人もいれば、道案内をする人もいます。

また、下から上がってくる人もいます。「私は、やっと帰れることになったのです。あなたは、これからですか。ご苦労さまです。頑張《がんば》ってきてください。地獄も『住めば都《みやこ》』で、済んでしまえば、すべてがよいことでした。私は、六十年の修行が何とか終わって、今、帰るところなのです」などと言う人もいれば、「ああ、向こうから、懐《なつ》かしい、私の守護霊が迎《むか》えに来た」などと言う人もいます。

そういう人とすれ違《ちが》うことがあり、「修行が終わった人は、いいな」と思いながら下っていくのです。

ただ、このように歩いていける人は、まだ、それほど罪は重くないのです。自分で自覚して下りていく人は、ストーンと落ちる人ほど悪くはありません。

③悪魔《あくま》の手下となった人は、悪魔に連れていかれる

生きている間に何体もの悪霊《あくれい》や悪魔《あくま》に憑依《ひょうい》されていた人は、死ぬときに、「自分の亡くなったおじいさんやおばあさん、あるいは天使が迎えに来てくれて、光のトンネルをくぐっていく」というかたちではなく、憑《つ》いているものに、そのままサーッと拉致《らち》されるように連れていかれることがあります。

それは、生きていたときに、すでに悪魔の手下となり、一定の〝使命〟の下《もと》に働いていた人です。悪魔がこの世に派遣《はけん》した一種の特殊部隊《とくしゅぶたい》のようになって、

悪魔の手先として一定の目的を果たしていた人は、そうなります。

例えば、暴力団関係者、麻薬《まやく》等を取り扱《あつか》って人を迷わしていた者、詐欺《さぎ》や強盗《ごうとう》、その他、さまざまな犯罪を犯《おか》した者、指導者として多くの人を殺した者などがそうです。

そのように、悪魔の手先だった人が死ぬと、仲間が来て、その人をサーッと連れていくのです。

この場合は、本人が悪魔と同通《どうつう》しているので、天使もほとんど手が出せません。ラグビーのスクラムのようなかたちでザーッと持っていかれてしまうので、天使のほうも、説得する間《ま》もなく、どうしようもないのです。

こういう人の場合には、禅《ぜん》で言う「冷暖自知《れいだんじち》」、つまり、「冷たいか暖かいかは自分で体験する」ということで、嫌《いや》になるまで地獄を経験してもらわなければ、しかたがありません。

地獄は、だいたい、以上のような世界です。

これに対して、霊界の上のほうの世界は、私がさまざまな著書で説《と》いているような、よい世界です。

Column

生霊《いきりょう》と呪《のろ》いは本当に存在する

平安時代の人は、陰陽師《おんみょうじ》を呼んできて、よく病気治しをしていました。当時の文献《ぶんけん》には、「生霊《いきりょう》が来て、取り憑《つ》いている」という話がよく出てくるのですが、現在の時点で、私の感触《かんしょく》を述べると、「生霊は、やはり存在する。そういう現象は、実際にある」と言わざるをえないのです。

「生霊」と言われるものの正体は何かというと、本人の守護霊《しゅごれい》でもありますが、それだけではありません。守護霊に本人自身の強い念《おも》いが合体しています。守護霊と、本人自身の念《ねん》、つまり、地上に生きている人の念いが合体して、グワーッとやってくるのです。

特定の相手に執着《しゅうちゃく》し、相手に対して、攻撃《こうげき》する念いや嫌《きら》う念い、「クビにしたい」「どこかに飛ばしてしまいたい」「死んでしまえ」などというような念いを持っていると、それが、相手のところに行き、ペタッとへばりつきます。そのようにして、相手に病変《びょうへん》が現れてくるケースは多いのです。

そのため、これを取らなくてはいけないわけですが、当時、それは陰陽師の仕事でした。その意味で、昔、陰陽師は医者の役も果たしていたのです。

そういう呪《のろ》いは現実にありますし、その呪いに対し、「呪い返し」をして、呪ってきた相手に返してしまうことも行《おこな》われていたようです。

また、当時の政治家は、「念力《ねんりき》、呪力《じゅりょく》で、政敵を失脚《しっきゃく》させる」ということもしていました。そして、「向こうは念力の強い人を雇《やと》っているらしい」と気づいたら、こちらも念力の強い人を雇って打ち返したりしていたのです。

そのように、当時は非常に霊的《れいてき》な時代ではあったと思いますが、念についての考え方には、ある程度、当たっている面はあります。

第2章

悪霊《あくれい》たちはこう考える

「決して他人事《ひとごと》ではない六大煩悩《ろくだいぼんのう》」

1 六大煩悩《ろくだいぼんのう》とは何か

「人を責める」「自己卑下《ひげ》に向かう」のが地獄霊《じごくれい》の特徴《とくちょう》

私は過去に何百何千という数の地獄霊《じごくれい》を見てきましたが、地獄霊に共通する特徴《とくちょう》として、最初に思い浮《う》かぶのは、人を責める思いが極めて強いということです。

人を責める思いをさらに分解してみると、まず、恨《うら》みの念《ねん》が強いということがあります。恨みに思う心、あるいは被害妄想的《ひがいもうそうてき》な感覚が極めて強いのです。つまり、「自分が今、幸福でないのは、他人に害されたからだ」という考え方です。

そして、その人が念《ねん》の強いタイプの場合は、他人に害されたという思いが、積極的に他人を恨んだり攻撃《こうげき》したりする気持ちになり、一方、念の弱いタイプの場合は、自己卑下《ひげ》的な方向に行くことになります。いずれにしても、他人のせいにする傾向《けいこう》が極めて強いのです。

もちろん、他人のせいにする考え方のなかにも、一部には合理的で正当性がある場合があります。世の中には明確に間違《まちが》ったことをする人もいるからです。そして悪い結果が表れ、それが自分に影響《えいきょう》を与《あた》えるだけではなく、周りの人にも迷惑《めいわく》をかけることになります。

その場合、その人に注意を与え、改善を求めること自体は、決して悪ではありません。社会において共同生活をし、一つの目標に向かってみんなが努力しているときに、それを阻害《そがい》するようなことをする人に対して、「是々非々《ぜぜひひ》」で臨《のぞ》むこと自体が悪《わる》いわけではありません。

ただ、「自分かわいさの観点だけで物事の善悪《ぜんあく》を見ている場合には、その思いは悪に転化していく」ということを知らなければなりません。ここがポイントです。

幸福の科学の基本的な教えのなかには、「与える愛」と「奪《うば》う愛」という考え方がありますが、自分かわいさのために人を非難する場合、これは奪う愛の方向であり、地獄的な思いになっているのです。

一方、与える愛の気持ちから、他人の間違いを指摘《してき》し、その人を善《よ》き方向に導こうとする行為《こうい》は、決して地獄的なる行為ではありません。天使たちのなかにも、間違いを厳しく指摘して指導する霊人《れいじん》がいます。それは根底に愛があるから許され、是とされるのです。

「世の中の人がすることはすべて善いことだから、野放しにしておいてよい」というわけでは決してありませんが、善悪を見る目において、与える愛の側に立っているか。それとも、奪う愛の側に立っているか」ということを、よく知らなければならないのです。

自分の心のなかを見たとき、奪う愛の側に立っていて、他人を責める気持ちが非常に強かったならば、地獄に行く可能性がかなり高いと思わなければなりません。自分が地獄に行くかどうかは、他人から指摘されるまでもなく、自分自身の心に問うてみれば分かることなのです。

人を責める思いが非常に強く、一日の間に去来する思いのなかで、そうした気持ちが占《し》める時間がかなり長いようならば、その心は地獄に通じている可能性が高いのです。

あなたを悪霊《あくれい》に〝変身〟させる六大煩悩《ろくだいぼんのう》とは

地獄につながるマイナスの心というものは、仏教の理論では、六大煩悩《ろくだいぼんのう》、すなわち、「貪《とん》・瞋《じん》・癡《ち》・慢《まん》・疑《ぎ》・悪見《あくけん》」が中心になります。

「貪」は貪欲《とんよく》です。欲が過ぎることです。欲は誰《だれ》もが持っていますが、欲が過ぎると、周りから見ても嫌《いや》なものです。「あの人は欲が過ぎるな。この程度の仕事で、こんなに報酬《ほうしゅう》をもらおうとしている」「この程度で、こんなに儲《もう》けようとしている」などということです。

時代劇では、「悪代官を正義の味方がやっつける」という話がよくありますが、このときの悪人は、たいてい、欲が過ぎる人で、不当な金《かね》を儲けようとしたり、ルールを曲げて何かを手に入れようとしたりするような人ばかりです。こういう人には貪欲があるわけです。

「瞋」は怒《いか》りの心です。前述した、カーッと来る怒りの心です。これは、動物霊、特に蛇《へび》の霊などの憑依《ひょうい》を受けやすいのです。

「癡」は愚《おろ》かであることです。自分で、へまをたくさんして、苦しみをつくっている人たちがそうです。

特に、宗教的真理に対して愚かであることです。宗教的真理とは正反対のことを言っている人、私が説《と》いていることと正反対のことを信条にして生きている人がたくさんいます。「この世の楽しみがすべてだ」と考えて、快楽に耽《ふけ》り、何ら精神的なるものを求めず、物質的、肉体的なものにだけ喜びを求めるような人は、愚かな人です。これは「癡」です。

知能指数は高くても、学校の勉強はできても、愚かな人はたくさんいます。この「癡」による苦しみが地獄霊を呼んでくるのです。

「慢」は慢心です。天狗《てんぐ》の心、うぬぼれの心です。天狗は必ずしも地獄界のものではないのですが、やはり、「慢心し、その後、地べたに落ちて苦しむ。苦しみから、地獄への道ができる」ということが多いのです。うぬぼれも失敗の近道です。うぬぼれて失敗する人はたくさんいるのです。

「疑」は疑いです。これは、主として仏法真理《ぶっぽうしんり》への疑いが多いのですが、疑い、猜疑心《さいぎしん》、人を疑う気持ち、素直でない気持ちです。

「悪見」は、思想的に間違っていること、見解が間違っていることです。間違った見解がたくさんあります。それを学校で教わることもあります。それが政治思想や経済思想になっていたりもします。あるいは、いろいろな団体や宗教等で、間違った考えを教えている所もあります。

間違った考えに取りつかれてしまい、それが頭に入っていたら、すべてが違って見えてきます。強盗《ごうとう》の仲間のなかにいて悟《さと》りを開くのは難しいように、間違った思想の人たちの群《む》れのなかにいて真理に到達するのは難しいのです。

悪見は現在もたくさんあります。知識人のなかにも、悪見は、たいへん多いのです。特に悪見を広げているのはジャーナリズムです。新聞やテレビ、週刊誌等の報道によって、間違った考えが洪水《こうずい》のごとく押《お》し寄せています。これによる混乱、地獄界の拡大再生産が多いわけです。

このようなことが数多くあります。

「貪・瞋・癡・慢・疑・悪見」は、マイナスの心の基本的なものとして考えたらよいでしょう。

それでは、この六大煩悩を詳《くわ》しく見ていきたいと思います。

2 貪《むさぼ》る

「貪《とん》」＝食欲、性欲、出世欲などを抑《おさ》えられない

まず、「貪《とん》」は貪《むさぼ》りの気持ちです。例えば、野良犬がごみ箱に鼻先を突っ込《こ》んで、食べ物をあさっている状態を想像してみてください。非常に浅ましく貪《どん》欲《よく》な感じがします。当の本人は気がついていないのですが、傍目《はため》には「なぜそれほどまでに欲が深いのか」「なぜそれほどまでガツガツするのか、浅ましい感じを出すのか」というように見えるのです。

では、その浅ましさの対象とはいったい何でしょう。まず、食欲です。例えば、みんなが礼儀《れいぎ》作法を心得て食事をしているところに、お腹《なか》を空《す》かせた人が

一人入ってきて、ガツガツと食べ始めたら、ちょっとたまらない気がします。とてもではないけれども、食事がおいしく食べられなくなります。

あるいは、性欲というものもあるでしょう。自分を抑《おさ》えきることができず、とにかく異性を見るともう人間ではなくなってしまうような強い欲望を持っている人がいます。欲望を自己のコントロールの下《もと》に置けない人です。

この欲には限りがありません。出世欲から始まって、物欲など、さまざまな欲がありますが、とにかく手に入れたくてしかたがないという気持ちです。これが「貪」です。

要するに、「貪」というのは「奪《うば》う愛」に当たるわけです。

悪霊《あくれい》たちの迷《めい》フレーズ

貪《とん》

文鮮明守護霊《ぶんせんめいしゅごれい》（2010年8月31日霊示《れいじ》）

◎（過去世《かこぜ》では何をしていたのか問われて）まあ、どちらかと言ったら、貢《みつ》がせるのは好きだなあ。権力や、血を見るのも好きだった。

◎好きだね。血を見るのは好き。お金も好き。

ジョセフ・スミス（2011年12月28日霊示）

◎おまえは、お金も欲しいし、女性も欲しいのだろう。知っているぞ。

ジョセフ・スミス　1805〜1844。アメリカ合衆国バーモント州に生まれる。1830年、モルモン教を設立。

文鮮明　1920〜2012。韓国の宗教家で、統一協会の教祖。

菊池寛《きくちかん》（2012年7月10日霊示）

◎執着《しゅうちゃく》としてはだねえ、まあ、私は東大を出たかったねえ。

◎俺《おれ》たちは、欲の世界とはどういうものかを、つぶさに書いて、みんなに認識させ、自覚させるのが仕事なんだ。

◎競馬《けいば》、競輪《けいりん》、酒、女性は、全部つながってる。当たり前だよ。

◎そんな禁欲をする人がいるわけないだろう？

金日成《キムイルソン》（2013年2月14日霊示）

◎（「韓国《かんこく》を占領《せんりょう》し、統一するところまで持っていくわけですか」と問われて）当然じゃないですか。だって、韓国には人数がいるから、あれを奴隷《どれい》階級として、下層の兵隊に変えて、彼《かれ》らを戦わせなきゃいけないなあ。われら北朝鮮の人間は貴族階級になるから、韓国民を戦闘員《せんとういん》に変えなきゃいけないですし、働かせて貢がせなきゃいけない。

菊池寛　1888〜1948。日本の小説家、ジャーナリスト。雑誌「文藝春秋」を創刊。

金日成　1912〜1994。朝鮮民主主義人民共和国（北朝鮮）の初代最高指導者。

だから、「われらがローマ市民で、彼らはアフリカから連れてきた奴隷」みたいな感じにしなくちゃいかんな。

「棚《たな》からぼた餅《もち》」を望むだけでも地獄《じごく》に堕《お》ちる？

欲望は、それが、その人の正当な自己評価であれば問題はありません。本当に努力して、努力しただけの結果をきちんと認められたいという気持ちなら、問題はないでしょう。

しかし、努力を伴《ともな》わないで欲《ほっ》しようとする心、〝棚《たな》からぼた餅《もち》〟のように望む心、そういう心を、「足《た》ることを知らない欲望」と言います。貪《とん》欲《よく》（貪《どん》欲《よく》）

と言います。これは、大きな大きな間違いなのです。

その結果、その貪欲のままに生きた人間は、死んだあとどうなるのかというと、地獄《じごく》に堕《お》ちることになります。

人間が人間である理由は、仏《ほとけ》の子としての誇《ほこ》りを持っているからです。仏の子としての誇りは、自《おの》ずから人間としての尊厳を要求するはずです。それが、道を外《はず》さないように自分を律していく心、戒《いまし》めを課す心なのです。これが大事です。

この戒めを外れたとき、人間は欲望のままに生きます。殺人鬼《さつじんき》となったり、強盗《ごうとう》になったり、すべて欲望のままです。欲望がストレートに現れたとき、そのようになっていくはずです。大きいか小さいかの違いはあっても、誰《だれ》の心のなかにもその痕跡《こんせき》はあるはずです。

「あれもこれも手に入れたい」という欲が抑えられないときにはどうするか

人間は地上で生きていますと、どうしても欲が募《つの》ってきます。あれもこれも手に入れたくなります。そして、自分が尊大になっていくことがあります。そのときに、毎日毎日、「足ることを知る」ということを中心に自己反省をしてみるとよいと思います。

今日も生かされている自分。今日も、飢《う》え死《じ》にすることもなかった。また、どんなにいろいろなことがあったとしても、今日も一日があった。地球が壊《こわ》れてしまうこともなく、太陽が射さないこともなく、食べ物に困ることもなく、今日も一日が終わった。いろいろな苦しみや悩《なや》みもあったかもしれないけれども、今日の一日があった。昨日までの日もずーっと続いてきた。また明日も、おそらくは一日が始まるであろう――。

こうした、毎日をいただいていることに対して感謝をすることです。

そして、何もかも高下駄《たかげた》を履《は》いて臨《のぞ》むのではなくて、自分自身の現在の人生を愛することです。他の人と比べたら満足がいかないところは当然あるでしょうけれども、あなたから見たら「羨《うらや》ましい」と思っている他の人も、本当はどうか分かりません。その人にはその人なりの苦しみがあります。そしてまた、あなたが見て「あんなくだらない人生」と思っている人のなかにも、実は素晴らしい生き方があるかもしれません。

それぞれの人がそれぞれの人生を生きている。自分自身の固有の人生を愛し、抱《だ》きしめること、それもまた「足ることを知る」ということなのです。

しつこい欲望を持った恋愛《れんあい》が、なぜ人生を狂《くる》わせるのか

恋愛《れんあい》でも、しつこい欲望を持ち、欲のほうが過ぎた場合には、どうしても地

獄的なものになり、若い人であっても、やはり悪霊《あくれい》や悪魔《あくま》が取り入ってきて、その人の人生を狂《くる》わせるような事態が起きてきます。

恋愛問題で自殺にまで至るような場合は、たいてい、小悪魔《こあくま》のレベルのものが来て影響《えいきょう》を与えています。

悪魔は、二言目には、「殺してやる」と言います。あるいは、「破滅《はめつ》させてやる」「おまえの人生を駄目《だめ》にしてやる」などということばかりを言います。本当に嫌《いや》な存在ですが、人間の心のなかにある嫌な部分を象徴化《しょうちょうか》して拡大したら、そのようになるので、みなさんの心のなかにも悪魔の性質はあるわけです。

悪魔は、たいてい、「殺してやる」と言うわけですが、それで相手を破滅させて自殺させたりします。職業を奪い、学業を奪い、未来を奪い、親きょうだいを奪って、相手を破滅させていくのです。

このような、悪魔の破滅させる力とも、勇気を持って戦わなければいけません。

そのためには、まず、天国的な恋愛を目指すことです。また、恋愛のなかにおいて、自己を確立しようとする心、人生の前半期における悟《さと》りを求める心が必要です。

人を好きになることは数多くあるでしょうが、たいていは、時間がたつと、相手の名前も外見も忘れていくものです。そのなかで、忘れずに記憶《きおく》に残る人は、やはり、何らかの精神的なつながりがあった人でしょう。

したがって、できれば、精神的なものがキラッと光るような恋愛をしていただきたいと思います。

人間はどこまで完全に欲望をなくすことができるか

「人間は弱いものだ」と、つくづく思います。悪魔になっていく契機《けいき》は、まず、人間の持っている欲望です。これが彼らのすみかなのです。

肉体を持って生きていく以上、欲望自体を完全に滅ぼすことはできません。欲望は、生きていく力の一部でもあるので、欲望そのものを完全に滅ぼし、それ自体をなくすことはできないのです。

それゆえに、悪魔が完全にいなくなることはありません。悪魔の供給源がなくならないので、絶えず新規の悪魔が生まれてきます。欲望が、彼らの生きる拠《よ》り所であり、足場なのです。

欲望のなかには確かに何割かの正しさがあります。誰でも、自由を求めているし、自己実現を求めているし、偉《えら》くなりたいし、人を支配してみたいし、自分の悪いところは棚に上げて、他人の悪いところはあげつらいたいのです。それは人情でしょう。

ある意味で、それは弱さであり、卑怯《ひきょう》さであり、人間の持つ、どうしようもない部分です。これを平凡性《へいぼんせい》と言ってもよいのですが、この部分が悪魔の地盤《じばん》なので、完全にはなくなりません。

欲望そのものを完全になくすことはできないので、「欲望をどのようにコントロールするか」という交通整理の仕方を私は教えているのです。

交差点では、車の流れを、「今は縦の通行です。次は横です」などと、交通巡査《じゅんさ》が手信号で整理したり、信号機で整理したりしていますが、「車で走りたい」という欲望そのもの、その気持ち自体は止められません。自動車の機能自体は走ることにあるので、「走りたい」という気持ちは止められないし、「走りたい」と思う人が増えるから、道路が車で溢《あふ》れるほどになるのでしょう。

自分も走りたいし、他の人も走りたいのですが、その欲望のとおりに行動すると事故が起きてしまいます。結局、この事故が悪の部分なのです。この世においては、大勢の人が欲望のままに生きているため、他の人とぶつかり、そして悪が生《しょう》じるのです。

3 瞋恚《いか》る

「瞋《じん》」＝カーッとこみ上げてくる怒《いか》り

「瞋《じん》」は、カーッとこみ上げてくる怒《いか》り、自分で統制できない怒りです。短気で、すぐカッとしてしまう人がよくいます。見境《みさかい》がなくなって、そのときだけもう自分を失ってしまって、何を言っているか分からなくなるのです。とにかくすぐにカッとしてしまいます。頭の回路を通して冷静に考えて、「これは怒るべきことであるから怒らなくてはいけない」と思うのではなくて、何かに触《ふ》れると瞬間湯沸器《しゅんかんゆわかしき》のようにカッと怒る人です。これが「瞋」なのです。

これも、昔から心の毒素《どくそ》の一つになっていて、この怒りを出すと、せっかく穏《おだ》やかに治めていた心の水面が非常に波立ちます。そして、不愉快《ふゆかい》で不愉快でしかたがありません。夜も眠《ねむ》れなくなってきます。ですから、人と会うと非常に面白《おもしろ》くないし、すぐカッカとする癖《くせ》があります。

会社に勤めていても、非常によくできた人のように見えるし、頭もいいし、見映《みば》えもいいし、ずいぶん立派な人だと思うのに、いまひとつ出世しない人がいます。そういう人の特徴《とくちょう》として、この「瞋」、怒りというのを持っていて、すぐカッとなってしまうところがあるのです。思わぬところで人格がコロッと変わってしまうので、せっかく九十九点取って、あと一点積み上げようとするときに、がらがらがらと崩《くず》れてしまうのです。

「彼《かれ》を管理職にどうか」という話が出たときに「あれはすぐカッとなる男なので、何かのときにちょっと信用ができない」「取引先で喧嘩《けんか》したらどうする」「部下に対していきなり八つ当たりをすることがある」「いきなり上司に食ってかかることがある」「そういうことがいきなり出てくるので、ちょっとどうかな」というようなことを言われて、出世が遅《おく》れたりする人がいます。ですから、能力的には非常に高いのに、どうして出世しないのかというときには、そういう短気を持っていることがよくあるのです。

なぜそうなるかということですが、これもある意味での動物性の一つなのです。動物たちもすぐカッと歯をむきます。どんな動物でもそうですが、自分の身に危険があったりすると、歯をむいたり、牙《きば》をむいたり、爪《つめ》を立てたり、毛を逆立《さかだ》てたりします。それにちょっと似ていると言えるでしょうか。あるいは、自分の領域内に何者かが入ってくると、すぐに迎撃《げいげき》するような性格に近いかもしれません。ヤマアラシのように、周りに対して、猛然《もうぜん》と針《はり》を立てるのです。やはり動物的な本能の一種かもしれません。ですから、この怒りのところを抑《おさ》えると、心は常に穏やかで、修行《しゅぎょう》に適した状態になります。

悪霊《あくれい》たちの迷《めい》フレーズ

瞋《じん》

吉田茂《よしだしげる》(2010年4月26日霊示《れいじ》)

◎わしの悪口を言うやつが、学者にも本当に多くて、もう、しょうがないんだよ。理想論だな。

やつらは、ほんっとに机上《きじょう》の空論で、机の上で勉強ばっかりしてだなあ、もう、「すべての国と平等に条約を結べ」とか言うて。「やってみい」っちゅうことだ。なあ。できるわけ、ないだろう。バカヤローがっ！　ほんっとに、ねえ。

吉田茂　1878〜1967。第45・48〜51代内閣総理大臣。1951年、サンフランシスコ講和条約を締結し、日本の主権回復を実現させた。

最澄《さいちょう》（２０１２年11月23日霊示）

◎（著者について）もう、生意気《なまいき》すぎるよ。それでさ、「何とかぶっ潰《つぶ》せ！」って言ってるんだよ。

◎私の言葉の、どこに怒《いか》りがあるっていうんだ。ほんとに、もう、怒るぞ！（声を荒《あら》らげる）

◎ば、バカ野郎《やろう》。

◎この雲助《くもすけ》（無宿《むしゅく》の人足《にんそく》）が！

オサマ・ビン・ラディン（２０１３年１月22日霊示）

◎死ねえ！

◎うるせえ、おめえ！

◎こめけえ（細かい）こと、言うんじゃない！

最澄 767～822。平安時代の僧。日本天台宗の開祖。「何人も仏になれる」という一乗思想に到達し、新教団を設立。

オサマ・ビン・ラディン 1957～2011。イスラム原理主義の過激派の活動家で、軍事組織「アルカイダ」の元司令官。

短気を起こして我《われ》を忘れる人は阿修羅霊《あしゅられい》に取り憑《つ》かれる

あとで我《われ》に返ったら、いったい自分は何をしていたのか、何のために怒っていたのかが分からない。このような方が大勢います。そして、それを「自分は短気だからだ」とだけ説明をつけているかもしれません。しかし、それは、それだけでは済まないものなのです。必ず反作用を受けるのです。その怒りの炎《ほのお》が、その心が、他の人を傷つけ、また、自分自身の仏《ほとけ》の本質をも傷つけているのです。

この怒りの炎を収《おさ》めるためには、やはり平らな心が大事です。鏡のような、水面、湖面のような、そういう心が大事です。その怒りを収めるためには、反《はん》省行《せいぎょう》や瞑想行《めいそうぎょう》が大切です。これをしないと大変なことになります。

心の怒りの炎を抑えるということは、どれほど大事であるか。怒りの炎が、どれほど自分自身の仏性《ぶっしょう》（仏《ほとけ》の子としての性質）や他人の仏性を穢《けが》すか。それを考えると、怒りというものは、何としてでも抑えなければいけません。

労働組合でもそうです。怪気炎《かいきえん》をあげて、よく労使の闘争《とうそう》をやっています。それが正当な権利の行使ならば問題はないでしょうが、単なる闘争のための闘争、破壊《はかい》のための破壊をやっていると、心が乱れてきて、阿修羅霊《あしゅられい》に取り憑《つ》かれていくようになります。

「阿修羅」というのは、アスラというインドの言葉から来ています。アスラは恐《おそ》ろしい、戦《いくさ》の神です。それも、特に悪い戦をする霊人《れいじん》たちです。「阿弥陀《あみだ》」を「弥陀」と言うことがあるのと同様に、阿修羅の「阿」の字を落として「修羅」と言うこともあります。ですから、阿修羅界を「修羅界」とも言います。

これは、血みどろの恐ろしい世界です。

人の言葉に傷ついて心に曇《くも》りをつくるタイプが危ない

人間は、切磋琢磨《せっさたくま》をしてお互《たが》いを磨《みが》いているときには、その心は天国の心なのです。しかし、お互いを磨くという心を忘れて、傷つけ合うほうに行った場合には、この修羅の世界に行ってしまいます。

その際に、この修羅、阿修羅の心を持っている人の特徴は、「正聴《しょうちょう》」と「正《しょう》語《ご》」ができないということです。

正聴とは、人の言葉を正しく聴《き》くことです。これができないのです。正しく聴くときに肝心《かんじん》なことは、他人の言葉をどのように受け止めるかということです。人は、他人の言葉を聴くことによって、心に曇《くも》りや傷をつくり、怒りを覚えるものです。他人の言葉というのは、自分には厳しいことがあったり、不本意なことがあったりします。しかし、そのときに、その言葉をどのように受け止めるかということが大事なことなのです。

この聴き方に三通りがあります。

まず、字を岩に刻《きざ》むように聴く方がいます。字を岩に刻んだら、その字は百年たっても千年たっても消えません。

次に、砂に字を書くように聴く方がいます。砂に書いた字は、二、三日はそのまま残っています。しかし、やがて、風が吹《ふ》くと崩れ、その字は消えていくでしょう。

それから、水に字を書くように聴く方がいます。ちょうど、サラサラと流れてくる小川の上に字を書いても、それが一瞬ののちに流れ去り、また元《もと》のきれいな水面となっていくように、こだわらない心、引っ掛《か》からない心で聴く方です。

他の人が自分に対して厳しいことを言ってくださることがありますが、それが、自分にとっては本当に思い当る節《ふし》があるなら、それを素直に受け入れて、反省をすることです。そして、忠告をしてくれた人に対して、感謝をすることです。そうすれば、心の波立ちは何もありません。

このように、その言葉が辛辣《しんらつ》で、自分に対して害意を持ったものであったとしても、そのときに、岩に刻むような聴き方、砂に書くような聴き方、水に書くような聴き方の三通りがある、ということを知っておいていただきたいのです。

水の上に字を書いても流れ去っていくように、こだわらない心があれば、それは流れていきます。そのときに、みなさんの心には怒りが起きてこないのです。怒りが起きてこなければ、相手を怒鳴《どな》りつけたりすることもなければ、相手を傷つける言葉や、相手の仏性を穢す言葉も出てこないはずです。

仕返しのために悪口や嘘《うそ》、きれい事を言ったり二枚舌《にまいじた》を使っていないか

正聴があって、また正語もあります。正しく語るには、語る前に心の調律が大事です。そして、心の調律のもとになるのは、正しく聴くということです。正しく聴いてこそ、正しく語れるのです。

心に怒りを生《しょう》じてしまったときには、もはや正しく語ることはできません。相手に対する悪口が出ます。嘘《うそ》や偽《いつわ》りの言葉も出ます。また、自分かわいさのあまりに相手を持ち上げてみたり、きれい事を言ったりすることもあります。二枚舌《にまいじた》を使うこともあります。

心のなかで間違《まちが》った受け取り方をしていると、発する言葉まで違ってきます。そして、自《みずか》らが毒《どく》を喰《く》らうばかりではなく、他の人にもまたその毒を発射してしまい、その毒が再生産されて、グルグルと世の中を駆《か》けめぐっていきます。

こういうことは、避《さ》けなくてはいけないのです。

ですから、阿修羅界に行く可能性のある生き方をしてきた方、すぐカッと怒って心がよく乱れてきた方は、正聴と正語をきっちりと修練していただきたいと思います。

4 無癡《わから》ず

「癡《ち》」＝病的な愚《おろ》かさ

それから「癡《ち》」です。〝疒《やまいだれ》〟が使われているその字のとおり、非常に病的な感じがしますが、一言で言うと愚《おろ》かであるということです。こう言うと、みなさんも胸に手を当てたくなるのが本当のところではないかと思うのです。

愚かであるといえば、それは誰《だれ》もが愚かなのです。ある意味では、本当の意味で悟《さと》った人間でないかぎり、本当の意味での仏陀《ぶっだ》でないかぎり、人間というのは愚かな存在なのです。ただ、その愚かな存在であっても、病的な愚かさにまで行かないことが大事なのです。

この病的な愚かさとしての「癡」とはいったい何かというと、たとえてみれば、毛鉤《けばり》に噛《か》みつく魚のような愚かさでしょうか。騙《だま》されて毛鉤に食いついていくような愚かさが魚にはあります。人間ならば、それを見たらすぐ分かるのに、魚には分からないために餌《えさ》だと思って噛みつき、そして釣《つ》り上げられてしまって、あとで痛い思いをするわけです。知恵《ちえ》が足《た》りません。

このように他の生き物の例で言われるとよく分かりますが、自分のことになると、なかなか分からないものなのです。そして、そういうことをしてしまうことがあるのです。

「田舎《いなか》から上京してきて、『うまい話がある』と言われて、そのまま乗せられていったら、とんでもない目に遭《あ》った」というような話はよくあります。それから、宗教をしている人間は騙されやすいという特徴《とくちょう》もあります。同情心をそそられると、ついつい同情してしまって騙されるようなこともあります。

この「癡」の部分も非常に大事かと思います。

悪霊《あくれい》たちの迷《めい》フレーズ　癡《ち》

カール・マルクス（2010年4月4日霊示《れいじ》）

◎（「あなたは一八八三年に亡くなっています。それはご存じですか」と問われて）**知らん。**

◎（「あなたはどこにいますか。何が見えますか」と問われて）**何も見えない。**

◎（「あなたの今いる世界は、迷っている世界ではないのですか。あなたは迷っていませんか」と問われて）**おまえの言うことは分からん。おまえは気が狂《くる》っておる。**

◎（「あなたは、今、体を持っていますか」と問われて）**おまえは何を言っているんだ。意味不明だ。おまえは精神病院へ行け。**

◎**金儲《かねもう》けをするために、教会の牧師が「地獄《じごく》がある」と言って脅《おど》しておるん**

カール・マルクス　1818～1883。ドイツの経済学者、哲学者、革命家。ドイツ観念論哲学等を批判的に取り入れて科学的社会主義を創始。

だよ。

◎もう、天国・地獄はなあ、この世だけにあるんだよ。貧乏人《びんぼうにん》が金を巻き上げられて、資本家に苦しめられてる、これが地獄なんだよ。なあ。

◎まずは物が大事だ。物がすべてだな。物が満たされないかぎり、人は幸福になるということはないんだ。

◎（「人間は死んだら終わりですか」と問われて）うん。死んだら終わりだよ。そら、そうだよ。

市川房枝《いちかわふさえ》（2010年6月12日霊示）

◎（あなたは死んだと聞かされて）ええっ！　死んだって？　そんなはずは……。死んだ……。いや、長生きはしましたよ。

◎とても長生きしましたので、〝浦島太郎《うらしまたろう》〟になっているとは思いますけれども、そんなことが分からなくなってしまうほど、ぼけたのでしょうかねえ。

市川房枝　1893〜1981。大正・昭和期の婦人運動家、政治家。戦前・戦後にわたり、婦人参政権運動等に取り組む。

うーん。

え？　「死んだ」って言いました？

フリードリヒ・ニーチェ　（2012年2月3日霊示）

◎（「神は死んだ」という言葉について）神は死んで、ニーチェが生まれたわけよ。そういうことなんだよ。

◎「イエスは害毒《がいどく》を流した」ということを、誰《だれ》かが言わなければいけない。あれは、パウロが引っ繰《く》り返して、そうとう強力な〝洗脳〟をかけたわけだから、そのことをクリスチャンは正しく知るべきだね。

◎（あの世での居場所について）私は哲学者《てつがくしゃ》だろう？　哲学者は、基本的には、書斎《しょさい》の人なんだよ。だから、一カ所で思想を深めるのが得意で、あえて、ツァラツストラになぞらえて言えば、私は、洞窟《どうくつ》のなかで思想を編むのを得意としている。

フリードリヒ・ニーチェ　1844〜1900。ドイツの哲学者、古典文献学者。「超人」の思想がヒトラーに大きな影響を与えた。

あの世を信じなかった人は死んでも生きていると思い込《こ》む

いちばん困るのは、死んであの世に還《かえ》ってからも、「自分は、死んで霊《れい》になり、あの世で生存している」ということを認めない人がいることです。こういう頑固者《がんこもの》は、救うことがとても難しく、難儀《なんぎ》をします。

生きているときに頑強《がんきょう》に抵抗《ていこう》して信じない人たちは、死んでも、死後の世界を認めません。一般的《いっぱんてき》には、「死ねば分かるだろう」と思うかもしれませんが、彼《かれ》らは死んでも分からないのです。なぜなら、「死後の世界はありえない」と思っているからです。

彼らが、死んで、あの世に還り、こちらが、「どうだ。これで分かっただろう」と思っても、彼らは、どうしても認めません。あの世にも人間的な世界があり、特に初級霊界《しょきゅうれいかい》においては、この世と似たような生活をしている人も数多くいるため、彼らは、そこを、あの世だとは思わず、この世だと思うのです。

彼らは、この世と少し感じが違《ちが》うのは分かるのですが、「何かの具合で、変な所へ来たのかな」と思っています。違った世界であっても、だんだん目も慣れてきます。また、草花があったり、小川があったり、山があったり、町があったり、人々がいたりすると、最初はカルチャーショックのようなものを受けるのですが、そのうち、「外国にでも迷い込んだのかな」と思い、しだいに慣れてくるのです。

それで、そこがあの世だということを認めようとせず、自説を曲げないわけです。

そういう人が多くて困ります。彼らは実に頑迷《がんめい》です。

特に、自分が病院に入ったところまでは覚えている人もよくいて、最後の砦《とりで》として、「何かの薬のせいで幻覚《げんかく》を見ているのではないか」「自分は夢を見ているのだ。これは夢のなかの世界なのだ」などと言い張る人もいます。こういう人の場合は、「付ける薬はない」というぐらい難しいのです。

彼らは、こちらが何をどう言っても信じません。例えば、「あなたは、何日もご飯を食べていないのに、死なないでしょう」と言っても、「それは夢の世界だからだ」と開き直られると、もう、どうしようもないわけです。「これは夢だ。あなたも夢、私も夢。悪い夢だ」などと言う人がいるのです。

普通《ふつう》の人の場合は、「あなたは死んでいて、肉体がないから、胸に手を差し込んだら、手が胸のなかを通ってしまうでしょう」と言って、実際にやらせてみると、気づくのですが、それを言っても、「夢の世界だからだ」と言い返す人もいるわけです。

そのように、「麻薬《まやく》のようなものを打たれたか、頭がおかしくなったかして、幻覚を見ている」と信じ込んでいる人がいます。ここまで来ると、もうどうしようもありません。こういう人に対しては、本人が「この世ではない」と分かるまで、しばらく時間をかけるしかないのです。

死んだことに気づかない インテリの唯物論者《ゆいぶつろんしゃ》は救えない？

特に、インテリの人ほど頭が固くて頑強です。「唯物論者《ゆいぶつろんしゃ》で、左翼《さよく》運動を何十年も続け、八十歳《さい》、九十歳まで活動した」という人や、生前、物理学や化学、医学などの科学者で、がちがちの唯物論者だった人がそうです。こういう人たちは、もうどうしようもなくて、救う側も、ほとんど匙《さじ》を投げます。死後、よほど時間がたたないと、どうにもならないのです。

普通の人は、死後、この世の時間で一年から三年ぐらいたてば、少なくとも、「自分は死後の世界に移行したのではないか」という程度のことは、だいたい分かります。しかし、頑固な唯物論者の場合は、時間が完全に止まっているので、どうしようもありません。残念なことに、彼らには、勉強したことが、かえって頭を悪くしているような面もあります。

そういう人は後回しになってもしかたがないのです。そして、少なくとも入り口に立っている人、何かきっかけを与《あた》えれば導ける人から、順番に救っていかなければならないでしょう。

それから、霊的《れいてき》なものを信じてはいても、間違ったものに染まっている人たちには、正しい考え方を教えてあげる必要があります。

救える人から救っていかなくてはならないのです。

〝思想犯〟や地位のある人は無間《むけん》地獄に隔離《かくり》されてしまう

さらに、大勢の人を間違って指導したような人の場合は、あの世でも、やはり、自分の考えを言い張っているので、なかなか難しい面があります。

あまりにも〝思想犯〟で、あの世でも嘘《うそ》をつく人がいます。あの世へ行っても、ほかの人をつかまえては、「おまえたちは生きているのだ」と言い張る人が、たくさんいるのです。

あの世では、人々に、自分が死んだことを知ってもらい、上の世界に上がってもらわなければいけません。ところが、「君たちは生きているのだ。変な奴《やつ》が来て、『ここは地獄だ』と言っているが、あいつは気が狂《くる》っているのだ。君たちには命があるのだ。何かの事情で、ちょっと、別の世界に来ただけなのだ。ここは、この世なのだ」ということを言い張るような人もいるのです。

そういう人は、残念ながら隔離《かくり》しなければいけません。あまり、ほかの人に悪い影響《えいきょう》を与え、悟りを妨《さまた》げるようなことをされると、害悪になるので、隔離して一人だけにするのです。

それを、「孤独《こどく》地獄」といったり、「無間《むけん》地獄」と言ったりします。

そこは、周りに人が全然いなくて、何もなく、真っ暗です。「日照りでひび割れた大地のような、荒涼《こうりょう》として広い所、真っ暗で何もなく、草も枯《か》れ、木も枯れているような所に、ポツンと取り残されて、誰とも会えない」とか、「深い井戸《いど》のなかのような所へポーンと入れられて、何も分からない」とか、そのような、一種の牢屋《ろうや》です。

そういう隔離政策も、いちおうあります。彼らは、自分の考え方がもう少し整理されるまで、ほかの人と接触《せっしょく》できないのです。

このように、死後の世界においては、この世の価値観がまったく通用しません。この世で生きる意味では役に立った考え方や経験、知識が、死後の旅立ちの妨げになり、邪魔《じゃま》をするのです。これをいかに清算するかが大事なのです。

したがって、死の下《もと》には、みんな平等です。この世の地位も学歴も財産も家《いえ》柄《がら》も、何も関係がないのです。もう、本当に一人です。一人の魂《たましい》として、同じように扱《あつか》われるのです。

5　慢心《おご》る

「慢《まん》」＝うぬぼれの心

「慢《まん》」というのは、慢心、自慢、増上慢《ぞうじょうまん》の「慢」であって、うぬぼれの心です。このうぬぼれの心も、極めてこの世的なる心なのです。この世での自分の生きやすさを願うところから出てきます。

人は、何らかの部分で、他の人よりは優れているところがあります。優れているところがあることは、よいことです。しかし、それが自分の慢心となり、うぬぼれとなっていったときに、そのうぬぼれは、必ず他の人に害を及《およ》ぼします。他の人を傷つけます。毒《どく》します。それのみならず、自分自身の真なる成長をも、阻害《そがい》するものになります。

うぬぼれた人間であって成功することが、あるでしょうか。確かに一時期は成功するように見えます。しかし、必ず、転落という痛いものが、そのあとに待っています。うぬぼれた人間は必ず転落します。うぬぼれた人間は努力しなくなるからです。努力しない人間は、一時期、運が良くて成功することがあっても、実力を欠いて必ず転落していくことになります。これは恐《おそ》ろしいことです。

真理を学んでいる者にとっても、この「慢」、慢心ということは、たいへん怖《こわ》いことです。自慢の心、増上慢の心。真理を学んでいると、ある程度、心境が高まってくるのですが、そのときに人を見下す心が出てくるようになります。また、上に立つ者に対する礼儀《れいぎ》を忘れてくるようになります。こうしたときが怖いです。何事でもそうです。ある程度、上達し始めたときに、慢心が起きます。

　ここで、本当に慢心してしまった人には、退転《たいてん》しかないのです。ある程度上手《じょうず》になったときに、自慢する心が起きてくる。ここで、謙虚《けんきょ》さというものを持たなければいけないのです。「まだまだ自分は修行《しゅぎょう》が足《た》りないのだ。謙虚に生きていこう」と思えばこそ、さらなる進歩・発展はありますが、ここで「自分は偉《えら》いんだ」と思い始めたときに、もはや、それは転落への道に入っていると言わざるをえません。

　ですから、「貪《とん》・瞋《じん》・癡《ち》」のほうは、どちらかといえば、この世的に優れていないがゆえに起きる罪でもあるでしょうが、「慢」のところは、優れているがゆえに起きる罪でもあります。これを防ぐには、謙虚な心以外にないのです。腰《こし》を低くすることです。「学ぶということにおいて限りがない」ということを知ることです。「自分はもう学び終えた。卒業した。すべてもう終わった」と思ったときに、すでに慢心が現れ、転落しか待っていません。

　永遠の転生輪廻《てんしょうりんね》を繰《く》り返している人間であるならば、学びにおいて終わりということはないのです。修行においても終わりということはないのです。日々がこれ、新しい学びなのです。これを忘れてはいけません。この「慢」もまた地獄《じごく》に堕《お》ちる心です。

この「慢」のところで地獄に堕ちていく人は、たいていの場合、「無間《むけん》地獄」という所に行くことが多いです。それは深い地獄です。それは、そこに行く人が指導者であることが多いからです。指導者は自分自身の誤りに終わることなく、他の人を多く迷わせ、狂《くる》わせるがゆえに、深い地獄に堕ちるのです。普通《ふつう》の人の罪以上の罪を、贖《あがな》わなければならなくなっていきます。

慢心から増上慢が生まれ、間違った心が生まれ、間違った指導がなされ、そして地獄に堕ちていくようになる。地位欲、名誉欲《めいよよく》、金銭欲、出世欲、そうしたものが間違いを起こしていきます。やはり謙虚な心を持たねばなりません。立場が上がれば上がるほどに謙虚になっていく、ということが大事だと思われるのです。

悪霊《あくれい》たちの迷《めい》フレーズ

慢《まん》

ルシフェル（2010年1月29日霊示《れいじ》）

◎俺《おれ》は誰《だれ》よりも賢《かしこ》かったんだ。で、地上に王国を築こうとした。知恵《ちえ》をたくさん使った。なぜ、そう……。

◎（ミカエル、ガブリエル、ラファエル、ウリエル、サリエル、パヌエルについて）あいつらはね、俺より頭悪い。

◎ハッハッハッハッハッハ。（笑い声が続き、最後に大きく息を吸う）

◎俺はねえ、権力をまとめる天才なんだよ。ある意味で、キリストなんかより、俺のほうが、ずっと天才なんだ。権力を使う、王国を治める、こういう能

ルシフェル　七大天使の一人だったが、約1億2千万年前、サタンという名で生まれたとき堕落。地獄の帝王となって地上に混乱を起こしている。

力にかけては、キリストより、俺のほうが上だ。だから、世界の指導者は、多かれ少なかれ、俺と同じ考えをするんだって。ハッ。分かんないだろうな。

伊藤真乗《いとうしんじょう》（2010年9月1日霊示）

◎わしは、仏《ほとけ》の一部なんだよ。まあ、同体なんだよな。仏の手が何本もあるようなものなんだよ。

◎うん。覚鑁《かくばん》も即身成仏《そくしんじょうぶつ》。空海《くうかい》も即身成仏。仏陀《ぶっだ》も即身成仏。伊藤真乗《いとうしんじょう》も即身成仏じゃ。

◎ヒッハッハ。おまえらごときで、この如来《にょらい》が折伏《しゃくぶく》できると思うとるところが甘《あま》いんだよ。何百人かかったって、わしを折伏なんかできんのだよ。ハッハッハッハッハ。ざまあみろ！

チャールズ・ダーウィン（2012年1月19日霊示）

伊藤真乗　1906～1989。在家仏教教団「真如苑」の開祖。1936年、真言宗醍醐派総本山醍醐寺にて出家得度し、翌々年に真澄寺を建立。

◎そうなんだよ。実はね、私は〝聖書《せいしょ》〟を書いたんだよ。つまり、私は〝創世《そうせい》記《き》〟を書いたわけで、まあ、あえて言えば、〝新しいヤーウェ〟が私ということかな。アハハハハハ。

ベルゼベフ（2012年2月23日霊示）

◎「俺様の指導」と言やあ、俺は、世界紛争《ふんそう》も起こせる悪魔《あくま》の知恵《ちえ》を持っとるんだからな。

◎「ルシフェルより俺のほうが頭がいいんだ」って言ってんだろう、前から。

◎アメリカは俺の指導の下《もと》に動いているよ。当たり前じゃねえか。

◎（ガブリエルは）ライバルじゃねえよ。俺は、あんな雑魚《ざこ》に負けねえよ。世界中で、これだけ紛争が起き、戦争が起きているなかで、何が「天使が勝ってる」だ。ハハッ。

ベルゼベフ　「蝿の王」と呼ばれる悪魔。イエス・キリストを、荒野で40日40夜にわたって惑わした。中東の「拝金主義の神バアル」。

チャールズ・ダーウィン　1809〜1882。イギリスの地質学者、生物学者。1859年、生物の進化に関する理論を含む『種の起源』を著す。

成功者ほど「実は俺がやったんだ」と自慢したがる

「慢」において注意すべきものを二つ挙《あ》げるとすると、一つには「我慢《がまん》」というものがあります。

これは、辛抱《しんぼう》するという意味での我慢ではなく、「自慢する心」のことを言うのです。これは仏教用語です。「我慢」というのは「俺が俺が」という気持ちです。「私が私が」「私がやったんだ」という気持ちです。これはあるでしょう。

何か成功したとします。それは、さまざまな人が力を合わせてしたことなのに、「実は俺がやったんだ」「私が成功させたんだ」「私の力なんだ」という気持ちです。これが「我慢」です。

これが、なかなか分からないものなのです。確かに、努力したことも正当だろうし、才能があることも事実だし、結果的に成功したということもあるので、どうしても言いたくなるのです。しかし、真理的に見たらどこかが違うのです。

例えば、子供が一生懸命《けんめい》勉強して、有名高校なり有名大学なりに入ったとします。そして「俺はやったんだ。優秀《ゆうしゅう》なんだ」ということを言って回ります。それはそのとおりでしょう。よく勉強もできたし、結果もよかったし、友だちに「すごいな」と言われるだけのことはあるでしょう。ただ、そうした有名高校なり有名大学に入れた背景には、例えば親の恩があったり、先生の恩があったり、あるいは経済的な恩恵《おんけい》や地理的な恩恵など、いろいろなものの恩恵があったであろうし、そうであってこそ、やはり合格できるものなのです。それを忘れて、自分の実力だけで受かったようにあまり思いすぎると、ここに慢心が生まれてきます。ひとつの我慢、自慢です。

それから、政治家などもそうです。当選して、国政に参画していると、いかにも自分が偉くなったような気になっていますが、そういうときに「俺が俺が」という気持ちがあまり強くなってくると、次の選挙で落選したりするのです。落選の原因を調べてみると、大した原因ではありません。ちょっと地元の人を軽視するような発言をしたりしたということなのです。

あるいは、苦労して成功されたような方にも、このようなところがあります。いかに苦労して成功したかということを、常に吹聴《ふいちょう》する気持ちです。このなかにも自慢の気持ちというのはあるように思います。

あるいは、先ほどの子供の慢心とは逆に、親にもあります。子供がどんどん順調に成功していくと、「それは俺の教育がよかったのだ」「それはわが家の方針がよかったのだ」「それは親が偉かったからだ」というような心が湧《わ》いてきます。これも、同じような自慢の心なので、気をつけないといけません。

これはなぜかというと、これまで出てきた我慢の心は、それ自体は正当な部分を押《お》さえているのですが、本人自身のそれ以後の進歩を妨《さまた》げるものがあるからなのです。この反対のものとして謙虚さがあるのですが、この謙虚な心を持っていないと、それ以上努力精進《しょうじん》する気持ちを損《そこ》なってしまいます。「正精進《しょうしょうじん》を妨げる」という意味があるのです。

修行者ほど「自分は悟《さと》ったのだ」と思って反省できなくなる

似たものが、もう一種類あります。それは「増上慢」です。これはよく聞くことがあると思います。特に、修行者特有のものとして、悟《さと》りがある程度進んでくると、うぬぼれが出てくるのです。大昔から、宗教を行《おこな》う者にとっては、これは伝統的に避《さ》けられないところでもあります。確かに、心境が高まって、自信がついてきたりするのです。そして、「自分は悟ったのだ」というような気持ちになってくると、自分の未熟さや間違いが全然分からなくなります。反省できなくなってくるのです。そして、人をこきおろしたり、酷評《こくひょう》したりしているうちに、自分がジャングルのなかに入ってしまっていることが、まったく分からなくなるのです。

歴史的にみると、例えば釈迦《しゃか》の法敵《ほうてき》になった提婆達多《だいばだった》という人もこれに当たります。提婆達多は釈迦の従弟《いとこ》であり、その弟が阿難《あなん》という人です。両者とも頭がよく、釈迦教団のなかでも有力な人でした。しかし、提婆達多のほうは、釈尊と従弟であるということもあって、他の弟子《でし》とはちょっと違うのだという気持ちもありました。それから、弟の阿難が釈迦の身辺の世話役、秘書役のような役目もしていたのですが、かなり重宝がられていたので、弟への嫉妬《しっと》と自慢の両方があったのです。

そして、頭もいいから勉強もできたし、説法《せっぽう》もできるし、そのうち、「俺だけでも充分《じゅうぶん》釈迦ぐらいのことができる」というようなことをだんだん言い始めます。その後、釈迦教団も大きくなり、信者も増えて、いろいろな国の王様も帰依《きえ》したりして、政治・経済的なバックアップもされるようになってくると、この提婆達多も阿闍世《あじゃせ》という悪王に帰依を受けるのです。そして、いろいろな金銀財宝をもらったりすると、すっかりいい気分になって、自分もそれだけの力を持ったと思って、釈迦教団の分派をつくったりし始めるのですが、最後はもちろん転落して地獄に堕ちたのは、当然のことです。

彼《かれ》は、確かに優秀な弟子であったことは間違いないのですが、どこかで慢心する心、嫉妬する心が起きて、そして転落していったのです。あと一歩のところで譲《ゆず》る気持ちがあったならば、そうならないで済んだのに、増上慢というものが、どうしても出てきたのです。

仕事で落ちこぼれていることを認めない人は憑依《ひょうい》されやすい

いろいろな事態が起こっても、常に自分を変えていくという、柔軟《じゅうなん》な心を持っていればよいのですが、そうした心がないと、顔に塗《ぬ》ったパックがガチガチに固まって取れなくなったようなものを、「これが自分自身だ」と思うようになってしまいます。

素肌《すはだ》というものは弾力性《だんりょくせい》があって柔《やわ》らかく、変化に富むものですが、これをパックで固めてしまうと、がちがちになってしまいます。そして、それを「自分だ」と思うようになるのです。しかし、そうであってはいけません。

すべてのものは変化し、変転していきます。その変化のなかで、竿《さお》を巧《たく》みに使って川下りをするからこそ、人生の喜びはあるのです。変化に伴《ともな》う、そうした喜びを知らねばなりません。自分で自分を固めて、それ以外には変化できない自分をつくってしまってはいけないのです。

実は、プライドが原因で転落していく人のほとんどは、プライドと能力との間に、だんだんギャップ（隔《へだ》たり）が生《しょう》じ、それが埋《う》められなくて、そこに魔《ま》が入ってくるという傾向《けいこう》が非常に強いのです。

会社でも発展期には、「現状維持《いじ》は即脱落《そくだつらく》」となりやすいものです。組織の拡大に応じて役職者の実力も向上していかなくては、必ずギャップができてくるものなのです。

現在の自分の実力と要求されているものとの間に、差が開いてきたことが見えず、自分の地位や役職にこだわっていると、完全に転落への道になります。過去、そうした姿を幾《いく》つか見てきた人もいるでしょうが、「それは自分の将来の姿かもしれない」ということを、よくよく知っておいてください。

6 猜疑《うたが》う

「疑《ぎ》」＝真理を疑う心

さらには、「疑《ぎ》」、疑いという心があります。

これについては、みなさん、「どうしてだろう」「疑問の追究、探究をすることは、科学的態度であり、悪いことではないではないか」と思うかもしれません。もちろん、実験を繰《く》り返す科学的探究をする際に、いろいろな疑問を持つことは正しいことだと思います。それを言っているのではありません。

この「疑」というものは、仏《ほとけ》の心を疑う心、人間のなかにある仏の心、仏性《ぶっしょう》を疑う心、真理を疑う心です。これが、「疑」なのです。これもまた恐《おそ》ろしい心です。ここに必ずサタンが入り込《こ》んでくるからです。

悪魔《あくま》と言われる存在があります。悪霊《あくれい》のなかで凶暴《きょうぼう》なものです。〝知恵《ちえ》〟があって、普通《ふつう》の悪霊以上に悪《わる》い仕事をしている霊たちです。これを、サタン、悪魔、魔王などと言います。昔話ではありません。現にいて、現在でも活動をしています。彼《かれ》らはほとんど、この「疑」のところにつけ込んできます。そして人を惑《まど》わせます。疑問を抱《いだ》かせて混乱させていきます。疑いを膨《ふく》らませていって、何が何だか分からなくさせます。

地獄《じごく》の悪魔から見れば、相対的に天使が悪魔に見えます。ですから、悪魔に魅入《みい》られると、すべてが正反対に、逆に見えるようになります。光を闇《やみ》と見るようになります。正しい人を、間違《まちが》った人であるかのように見るようになります。完全に、狂《くる》ったのと同じです。恐ろしいことです。そのもとは、この「疑」です。この罪はかなり重いものなのです。

特に、真理の団体を攪乱《かくらん》したりする罪を「和合僧破壊《わごうそうはかい》の罪」と言います。和合して修行《しゅぎょう》している僧侶《そうりょ》たちを攪乱すると、この罪はものすごく重い罪になります。殺人や強盗《ごうとう》よりも重い罪なのです。

仏そのものを疑うことは、許されないことなのです。それは、自分たちがそもそも拠《よ》って立つ立場、存在そのものを否定するのとまったく同じことなのです。

肉体は、刀やピストルなどによって自殺することはできます。しかし、魂《たましい》のほうは自殺することはできません。あえてその自殺に当たるものがあるとすれば、この「疑」の心、仏を疑う心です。これが、魂の否定にもつながることになるでしょう。

悪霊《あくれい》たちの迷《めい》フレーズ

疑《ぎ》

松本清張《まつもとせいちょう》（2012年1月31日霊示《れいじ》）

◎（善人は）そんなの、いるわけない。絶対いない。

◎いない。善人なんか、この世には一人もいない。

◎悪人ですよ。基本は悪です。人間は、やっぱり、欲望で生きてるものですから。欲望で生きている、汚いものですよ。

◎人間はねえ、泥《どろ》の溝《みぞ》のなかを這《は》ってるミミズみたいなもんだ。それが人間の本性《ほんしょう》だよ。それを、ドブのなかを這ってるミミズっこがさあ、「私が天使だ」「如来《にょらい》だ」「神様だ」って言うとるのよ。こういうのに騙《だま》されちゃいけな

松本清張　1909〜1992。日本の小説家、ノンフィクション作家。『或る「小倉日記」伝』で芥川賞を受賞。

いんだよ。

◎「あんたも、これで偉《えら》くなれる」「金持ちになれる」「有名になれる」と言って、人を釣《つ》ってるやつ、こんなのは、きっと悪魔《あくま》に違《ちが》いないからさあ、こんなのには絶対に騙されないようにして、そのトリックを見破らなきゃ。まあ、千種類ぐらいあるトリックを見破るだけの自信が私にはあるからね。おまえら、単純だからさ、一発目のトリックで引っ掛《か》かるんだよ。

◎なんか、俺《おれ》は許せんのだよ。何て言うのかなあ。今の、この「嘘《うそ》で塗《ぬ》り固められた社会」っつうものが許せんのだよ。

一見、平和に見えるところがな、実は平和じゃないんだ。みんな忘れてるんだよ。「人間は善だ」と思い込《こ》み始めてるんだ。戦争とかが始まると、人は、人を恐怖《きょうふ》するんだが、いったん平和な世の中になると、人間は、人を「善なるもの」と見るだろう?

岸本英夫《きしもとひでお》（2011年12月8日霊示）

◎知識としては研究しても、それを信じないのが科学的態度なんだよ。

◎「宗教が、いかに人々を上手《じょうず》に騙したりするか」という生態を明らかにしておくことが大事だね。うん。

◎やっぱりさあ、「神が一人子《ひとりご》を遣《つか》わして、十字架《じゅうじか》に架《か》けて殺す」なんて、君、こんな信仰《しんこう》、考えられるか。これはもうフィクションの世界だよね。SFだよ。一種のサイエンス・フィクションだよな。

まあ、これだけの「からくり」をつくったのは見事だと思うよ。これだけの「からくり」をつくって、そして、世界宗教にするというのは考えられないことだから、そういう意味では、天才は天才だよな。天才であることは間違いない。

ただ、天才というより、ペテン師だよな。

岸本英夫　1903〜1964。日本の宗教学者、元東京大学名誉教授。

人がみな悪人に見えるのも悪霊作用？

悪魔にそそのかされると、人が信じられなくなってきて、何もかもが疑わしくなってきます。

間違ったものや、人を騙《だま》そうとしているものを見抜《みぬ》くのは智慧《ちえ》の力であって、それは大事なものです。しかし、それと一見よく似ていても、物事を疑っているうちに、疑惑《ぎわく》が中心になって、すべてが悪魔に見えてきたりするようなことは、また悪魔の手なのです。全部を疑わせてしまう。何もかも疑わせてしまう。そうしたことがあります。

例えば、邪教団《じゃきょうだん》に対してはしかたがないことかもしれませんが、マスコミなどがよく使う手は、宗教家が幹部の前で話したことを、テープか何かで録音してきて、外で暴くというようなことです。こうしたリーク（漏洩《ろうえい》）をします。そうすると、「誰《だれ》が漏《も》らしているのだろうか」「誰に言っても漏れるかもしれない」と、お互《たが》いにだんだん疑心暗鬼《ぎしんあんき》になってきます。不信感、猜疑心《さいぎしん》が強くなってきます。

それが強くなると、例えば政治体制でいえば、KGBという秘密警察が目を光らせていた旧ソ連のようになります。「どこに盗聴器《とうちょうき》が付いているか分からない」「どこに敵と通じている人がいるか分からない」――このようなことをお互いに思い始めると、これもまた、もはや悪魔の掌中《しょうちゅう》にあります。

ですから、「悪いことを考えている人がいるので、気をつけなければいけない」ということも智慧なのですが、みんなが疑心暗鬼になってき始めたら、これもまた悪魔の掌中にあるのです。

「疑」と「失望」を煽《あお》って心を揺さぶるのが悪魔の常套《じょうとう》手段

悪魔の暗躍《あんやく》というものが現実にある、ということです。このことは、私の著書で、繰り返し繰り返し説《と》いていることです。決して、フィクションでも昔話でもありません。現在ただいま、悪魔は暗躍しています。

しかも現代の悪魔は巧妙《こうみょう》であって、思想的な方向からも入ってきて、思想においで人々を狂わせるということをします。無神論や唯物論《ゆいぶつろん》を説いたり、真実とは正反対のことを発表したり、正しい宗教を迫害《はくがい》し、仏敵《ぶってき》として行動したりするところも現れてきます。

さらには、自《みずか》らには信仰心《しんこうしん》がないことをよいことに、他の人間の信仰心を揺《ゆ》さぶる人間が出てきます。そこに悪魔が入り込んで、それを増幅《ぞうふく》させます。不信感、「疑」の心を増幅して、ユートピア建設のために生きている人たちを、攪乱、妨害《ぼうがい》するような人も出てきます。

悪魔の手段は、いつも「疑」と「失望」です。こういうところに入ってきます。本人が失望したところに入ってくる。あるいは、疑っているところを拡大していく。そういうことをします。大勢の人間がいればいるほど、いろいろなところで矛盾《むじゅん》が出てきますから、その矛盾をついて攪乱したり、あるいは、弱いところにつけ込んできて揺さぶりをかけたりします。これが悪魔の常套《じょうとう》手段です。

しかし、善意なる人たちには、この悪魔から逃《のが》れる方法があります。それは、信仰心を確立するということです。

悪魔に翻弄《ほんろう》されている人の顔を見てください。その人の言動を見てください。他人の悪口しか言わない。猜疑心でしか人を見ない。嫉妬心《しっとしん》でしか考えない。やっかみ、愚癡《ぐち》、不平不満、そのようなことばかりをやっています。

そして、信仰を失った結果、奈落《ならく》の底に落ちます。死んでから地獄に堕《お》ちるのではなく、生きているうちに、すでに地獄を体験します。その人自身の人生観が、その考え方が、すでに悪魔的なものとなってきます。

ですから、大切なことは、悪魔に翻弄された者によって、善意なる人たちが穢《けが》されないことであろうと思います。

信仰心は、みなさんを守る青銅の扉《とびら》となるでしょう。みなさんを支える鉄の柱ともなるでしょう。嵐《あらし》の日に、みなさんを支えるマストともなるでしょう。

結局、最後は信仰が大事

疑問というものは、現代では非常によいことのように言われていることも多いのです。科学的探究の態度、あるいはジャーナリスティックな態度で、どんどん疑問を解明していくのは素晴らしいことだという捉《とら》え方をされていることが多いです。しかも、近代以降の哲学《てつがく》は、そうした疑問の追究・探究ということ、分析的《ぶんせきてき》にものを見るということを非常に重視しているので、それが合理化される傾向《けいこう》があります。

ただ、ここに、信仰の世界に対しては非常に大きな危険が潜《ひそ》んでいると言ってもよいでしょう。宗教というのは、結局、最後は「信《しん》」なのです。信仰なのです。信仰というのは目に見えないものを信ずるということなのです。心というものは見えるものではありません。仏も神も本当は見えるものではありません。大宇宙の光も見えるものではありません。愛も見えるものではありません。慈悲《じひ》も見えるものではありません。すべて見えない世界のものなのです。それを信ずるというところに人間の尊さが生まれてくるのです。動物と違ったところとして、そういう尊さが、この信仰ということを通して出てくるのです。

ですから、学習態度、研究態度のなかに、追究するというところがあること自体は悪いことではないのですが、これが「疑」、疑いというものになって常に出てくると、このいちばん大事な宝物、あるいはいちばん大切な果実を手にすることができなくなるおそれがあるのです。

秋になって葡萄《ぶどう》がたわわに実ると、そのたわわな葡萄を口に頬張《ほおば》って「おいしい」と言って食べればそれで済むことなのですが、その葡萄を口に頬張る前に、いろいろなことが気になってきます。「この葡萄の種類はいったい何だろうか。これは水をきちんとやったものなのか。あるいは農薬はかかっていないのか」といろいろなことを考えます。そして、「ああでもない、こうでもない」と言って、皮《かわ》を少しめくって、なかを調べてみたりしているうちに、葡萄の楽しみ、喜びというものはなくなっていきます。そういうところがあるように思います。

　ですから、疑問探究の姿勢も大事なのですが、いちばん大切なものを損《そこ》なうようなかたちですべきではないし、常に疑いの心でいっぱいの場合、人は平静《へいせい》心《しん》あるいは平常心《へいじょうしん》というものは持てないのです。心が平らかになりません。また、人に対する疑いでもそうです。他の人に対しても、いつもいつも疑っていたらきりがありません。もちろん人間は、すべてが自分の思うようにはいきませんし、裏切られることもあります。しかし、「そういうこともあるな」ということを心の一部には持っていながら、大きなところでは信ずる心が大事ではないかと思うのです。

「貪・瞋・癡・慢・疑」という五つの心の毒《どく》について語りましたが、これなどもすべて無明《むみょう》の現れとして捉えることができるでしょう。そうしたことを、事実を事実として、知識を知識として知って、自己をよく点検して、そこから脱却《だっきゃく》していくことが非常に大事なことなのです。

7 悪見《まちが》う

「悪見《あくけん》」＝間違《まちが》った見解

六大煩悩《ろくだいぼんのう》の最後は「悪見《あくけん》」です。これは、要するに、「間違《まちが》った見解」のことです。

科学技術が発展して、現代的になればなるほど、この「間違った見解」が数多く出てきているように思います。

現代においては、さまざまな学説が発表されたり、いろいろな意見が出てきたりしていますが、その多くは、神仏の心から遠ざかり、それと別々に走っているように見えます。

例えば、昔から、大きな震災《しんさい》などが起きたときには、「天子《てんし》ないし為政者《いせいしゃ》等に、神仏の心に適わない何かがある」という警告として、受け取られてきたことが多いのですが、現代では、震災を奇貨《きか》として（好機として）政治的に逆用しようとする人たちもいます。つまり、自分たちの責任を棚《たな》に上げ、震災を、自分たちの党利党略《とうりとうりゃく》の実現のために使う場合もあるのです。

こうした悪見を、「科学的な考え方」や「常識的な考え方」と思っているのならば問題でしょう。

もちろん、「善悪不二《ぜんあくふに》」という考えもあります。

確かに、「この世的には『悪だ』と思われていることが本当は善であったり、この世的には『善だ』と思われていることが本当は悪であったりする」という意味では、善悪不二ということもあります。あるいは、「悪を犯《おか》していても、それが善に転化していくことがある。そうした悪《わる》い経験があったとしても、悟《さと》りを開くことによって、善になることもある」ということもありえます。

しかし、「善悪が分からない」という考えが基調になってくると、やはり、問題が大きくなってくるでしょう。

悪霊《あくれい》たちの迷《めい》フレーズ

悪《あく》見《けん》

アドルフ・ヒトラー（2010年6月2日霊示《れいじ》）

◎私ほど信仰《しんこう》深い人間はいるわけがない。

◎（どういう神を信仰しているか問われて）まあ、はっきり言えば、ゲルマンの神

アドルフ・ヒトラー　1889〜1945。ドイツの政治家。ナチ党の指導者としてドイツの首相となる。第二次世界大戦中、彼の指示により、ユダヤ人の大量虐殺が行われた。

だ。ハッハッハッハッハッハッハ。キリスト教も入れてやったから、仲良くやっているつもりではあったのだけれども、本来的にはゲルマンの神だ。

◎神は、あの世にいるのだろうし、わしは、まだ生きておるから、神ではないが、ま、そうだな。神は、わしに似せて創ったようなものかな。

◎わしの似姿が、まあ、神だな。

丸山眞男《まるやままさお》(2010年4月21日霊示)

◎いや、君、神っていうものも、やっぱり一つのフィクションなんだよ。

◎それは、人間には、向上心は必要だよ。だから、向上していくために、何らかの理想的なるものを求める心を、人間は、みんな持ってるよ。

◎そして、人間にとっての、「フィクション」としての理想像を、神と称《しょう》しているわけであり、神は、人間の似姿をとって存在するように、フィクションとしてつくられたものなんだよ。これは一種の擬制《ぎせい》なんだ。

丸山眞男 1914～1996。日本の政治学者。東京大学教授を務め、左翼の論客として1960年の安保闘争の理論的リーダーでもあった。

それを、歴史上、神だとか仏《ほとけ》だとか、いろんなかたちで言うけど、それは人間の理想像であって、人間を道徳的に高めるために、そういうフィクションを、いつの時代も必要としてるんだよ。生きてる人間には欠陥《けっかん》が多いからな。

◎結局、人間を理想化して、それを擬制したもの、そういう、フィクションとして立てたものが神なんだよ。それは人間の意識の投影《とうえい》なんだ。

◎地獄《じごく》なんて、もう、江戸《えど》時代の人間の発想だってことが、どうして分からないんだよ。

三重野康《みえのやすし》（2012年5月1日霊示）

◎君ねえ、日本に「法王」は二人も要《い》らないのだよ。日銀総裁《にちぎんそうさい》が法王をやってるんだからさあ、やっぱり、「法王」と「天皇」みたいなのが両方あるのはよくない。まあ、天皇というか、首相か。首相と、日銀法王と、二人は要ら

三重野康　1924～2012。第26代日本銀行総裁。いわゆる「バブル潰し」を行い、一部のマスコミから「平成の鬼平」と称賛された。

ないんだよ。首相ってのは素人《しろうと》だろう？　あれは、票を取るだけの専門職だからさあ、選挙マンだよな。

◎

あの孔子《こうし》様だって飢《う》えておられる。イエス・キリストだって飢えておられる。釈迦《しゃか》は、断食《だんじき》をされて、ひもじい思いをされた。ゴマ粒《つぶ》を食べて生きておった。そういう人たちが聖人になったんだから、もっと貧しくしてやったって、構《かま》わないんだよ。そうしたら、偉《えら》い人が出てくる。人間は、豊かにしたら、堕落《だらく》するんだよ。

「肉体が自分」「死んだら終わり」「努力は無駄《むだ》」の三つの悪見で地獄《じごく》行き

以下、悪見の代表的なものを挙《あ》げてみましょう。

一つは「身見《しんけん》」です。これは肉体中心のものの見方です。「肉体が自分だ」と思っているような見方です。

それから、「辺見《へんけん》」です。これは極端《きょくたん》なものの見方です。「死んだら何もかも終わりだ」というものの考え方や、「死んでもこのままずっと同じなのだ」という考え方をするような、極端なものの見方です。

それから、「邪見《じゃけん》」というものがあります。これは、主として宗教的信条が間違っている場合――間違った信仰を持っていたり、間違った宗教を行《おこな》っている人のことを言います。釈迦《しゃか》の時代には、この邪見は、因果《いんが》の理法《りほう》を信じない人のことを言っていました。

また、例えば「修行《しゅぎょう》などして何になる」というタイプの人がいます。「修行なんかしても無駄《むだ》だ。努力なんかしても無駄だ。そんなものは、人間には何の役にも立たない」、このような見方をする人もいます。あるいは「ユートピア思想などというのは嘘《うそ》だ。インチキだ。人を騙《だま》す思想だ。仏国土《ぶっこくど》の思想など、こんなものは何になるか。そんなものより、今日の飲み食いのことを考えたほうがいい」という人がいます。このような、理想に反するものの見方をすることを、すべて悪見と言うのです。

邪教の洗脳を解く方法はあるか

この「悪見」というのは何かというと、字を見れば分かるように、「正見《しょうけん》」の反対のようなものです。ほかに「邪見」という似たものがありますが、だいたい正見の反対と考えればよいと思います。

この「悪見」というのは、結局、悪いものの見方、考え方をするということです。間違った悪いものの見方、考え方をするというのは、正しさが分からないということです。そして、正しさが分からないというのは、仏法真理《ぶっぽうしんり》を知らないということなのです。仏法真理を知らないのはなぜかというと、正しい信仰がないからです。正しい信仰がなぜないかというと、先ほど言ったような、無神論、唯物論的《ゆいぶつろんてき》なものの考え方をするということもありますけれども、むしろ、間違った信仰、邪教をやっているがゆえに正しい見方ができない人が、世の中にはいっぱいいるのです。これも地獄へ行く原因です。間違った宗教を十年、二十年、三十年とやってきますと、価値観や考え方が全部逆になり、地獄的になっているのです。ですから、これを抜《ぬ》くのは大変です。

当会には、そうしたいろいろな邪教団からも入会者が来ますけれども、やはり傾向性《けいこうせい》の原則というのがあって、そういう邪教団で二十年なら二十年やっていると、この二十年積み重ねてきたものを抜くというのは、これは大変なことなのです。その人が努力した量の全部、すなわち、その熱心さと、やってきたことを全部掛《か》け合わせた二十年分を抜かなければいけないのですから、それは、一カ月や三カ月、一年ぐらいでそう簡単に抜けるものではないのです。ですから、宗教というものも、正しいものを熱心にやるのはいいのですが、悪いものを熱心にやりますと、あとでそれを抜くのが大変です。魂《たましい》の根っこのほうまで染み込《こ》んできて、熏習《くんじゅう》してきていますから、そう簡単に抜けません。過去にやった分と同じぐらいやらないと普通《ふつう》は抜けないのだ、ということを知っておいていただきたいのです。

邪教を信じて死んだ場合は供養《くよう》できない？

間違った信仰に基づいて世の中や人を見てきた人には、こういう「悪見」というのは当然出てくるのです。彼《かれ》らは間違った見方をしてきます。こうなると、地獄へ行っても、その信仰が邪魔《じゃま》をして、救えないことがあります。邪教を信じていたために、その信仰が邪魔をして、いくら光の菩薩《ぼさつ》が行って説教をしても、聞く耳を持たないのです。子孫が供養《くよう》をしても、聞く耳を持たないのです。「私は何も悪いことはしていない。正しい信仰を持って宗教をやっていたのだ。どこが悪い」と言います。「これで私がもし地獄だというのなら、それは仏神《ぶっしん》のほうが悪い」というふうに開き直る人がいるのです。

ただ、生きていたときに、そういう邪教団に惹《ひ》きつけられたという責任は、やはり自分自身にあるのです。磁石《じしゃく》の原理と同じで、自分の心のなかにそういうものを引きつけるものがあったから、そこに行ったのであって、確かに、その邪教団に入ったために迷わされたということはあるけれども、それはあくまでも結果であって、原因をつくっているのは、やはり自分自身なのです。自分自身の心に隙《すき》があるから、そういうところに引きずり込まれて、染まってしまったのです。そして、その結果、地獄に堕《お》ちているのです。

正見というのがこの反対にありますが、正見というのは、正しい見方、考え方、仏法真理に則《のっと》ってものを見るということですけれども、仏法真理に則って見るためには、仏法真理を知っていなければいけません。仏法真理を知るためには、正しい信仰というのが、当然、前提になるわけです。ですから、正しい信仰にたどり着いていないと、正見がそもそもできないのです。第3章で述べる「八正道《はっしょうどう》」で正見が最初に出てきますけれども、初歩の人にとっての正見は、「正信《しょうしん》」、正しく信ずるということなのです。この正信がまずできていて、仏法真理を学び、そしていろいろなことについて正しい観察ができるようになってくるのです。ただ、そこまで行っていない人にとっては、まず正しい真理にたどり着くこと、正しい信仰を持つことが、正見の基礎《きそ》なのです。

ですから、間違った信仰などに入ると、全部逆に見えてきます。悪魔から見れば仏神が悪魔に見えるというのと同じで、本当に全部が反対に見えてきますので、これは怖《こわ》いことです。

Column

夏目漱石《なつめそうせき》の名作『こころ』に見る心の五毒《ごどく》

以前、テレビのドラマで、たまたま夏目漱石《なつめそうせき》の『こころ』を観たことがあります。この作品は、知っている方もおそらく多いでしょう。

「先生」は学生時代に、ある未亡人のところに下宿していましたが、そこのお嬢《じょう》さんに恋《こい》をします。そのときに、お寺の息子のKという学友が、親から勘当《かんどう》され、下宿に転がり込《こ》んできたのです。そして、Kがまた、そのお嬢さんに恋をするようになるのです。

しかし、あるとき「先生」が、我慢《がまん》できずに、お嬢さんに求婚《きゅうこん》してしまうのです。すると未亡人のほうから「よござんす。差し上げましょう」とOKが出るのですが、あとでKがそれを聞いてショックを受け、自殺してしまいます。

Kの自殺のあと、「先生」とお嬢さんとは結婚するのですが、暗い日々を送ります。やがて、「先生」は自分も死んでしまいます。

このような簡単なストーリーです。

お寺の息子であるKという青年について、「純粋《じゅんすい》だったのだな」と思っていたのですが、今、観てみると違《ちが》うのです。

まず「貪《とん》」、貪欲《どんよく》なところがあります。そんなに金もないし、親から勘当されているし、学業もまだ達成できていないにもかかわらず、そこのお嬢さんに恋をして結婚したいなどと言い始めた。これは「貪」です。一種の貪欲さです。

それから「瞋《じん》」、怒《いか》りがあります。友人が自分を出し抜《ぬ》いたということに対して、自殺という行為《こうい》によって報復するわけです。自殺された側であるお嬢さんや友人に対して不幸な影《かげ》を投げかけ、ある意味では憑依霊《ひょういれい》になって一生つきまとうわけですから、この怒りというのも正当な怒りではありません。

それから「癡《ち》」があります。学生時代に下宿に入って、たまたまそこにきれいなお嬢さんがいて結婚したくなるというのは、これはもはやミミズに飛びつく魚と同じような本当に単純なことであって、やはり世間知らずの一言に尽《つ》きるわけです。

それから「慢《まん》」もあります。「お寺の子として育ち、精神的に一途《いちず》に生きている人間であって、そういう欲に振《ふ》り回されるような人間ではない」というような自己規定があるのです。そういう自分が簡単に敗れてしまったものだから、生きていられなくなって自殺に走るのです。こういうところに、やはりひとつの「慢」があるように私は思います。

それから「疑《ぎ》」、疑問です。友人に対する疑い、お嬢さんや奥《おく》さんに対する疑い、それから親に対する疑い、世間に対する疑い……。「すべてのものが、隠《かく》れたところで自分を迫害《はくがい》するように動いている」と思うのです。

要するに、「貪・瞋・癡・慢・疑」の五つをすべて満たしているのです。そして、自殺に至《いた》ったわけですが、当然、地獄《じごく》に堕《お》ちて不成仏《ふじょうぶつ》です。しかし、その原因は、自分がつくっているのであって、これから脱却《だっきゃく》しないかぎり天上界《てんじょうかい》には上がれません。

地獄にはこんな人が大勢いるのです。他人のせいにして、あるいは自分自身のことを解決できないまま死んだ人がたくさんいます。やはりそれは乗り切っていかなければならないことであり、それができないのは、自分の弱さ以外の何ものでもありません。あるいは無明《むみょう》そのものなのです。〝明かりが無い〟という状態そのものです。それを知らなくてはなりません。

一方、お嬢さんを手に入れて結婚した「先生」のほうは、どうでしょう。貪欲かといったら、それほどでもありません。ごく正常だと思います。自分に対する怒りは多少は持っていますが、それほど強く持ってはいません。また、愚《おろ》かでもありません。教養のある人です。それから「慢」、慢心があるかといったら、慢心もありません。そのかわり、最後の「疑」があるのです。自分に対する疑い、他人に対する疑い、それから、親が死んだときに叔父《おじ》に騙《だま》されて財産を奪《うば》われたという疑いがあります。この「疑」の部分が、結局、また自己不信にもなって、最後の自殺にもつながったのだろうと思います。

真理的にみると、『こころ』に出てくる主人公二人は、一人は五つの項目《こうもく》のすべてに引っ掛《か》かっていて、もう一人は一カ所で引っ掛かっています。このような違いがあるということが、分かってくるようになるのです。

第3章

もしも悪霊《あくれい》に取り憑《つ》かれてしまったら

「こうすれば〝真夏の幽霊《ゆうれい》〟にならずに済む」

1 日常生活を見直すだけでも解決できる

暗い表情をやめて、まず明るく笑うこと

悪霊《あくれい》に憑依《ひょうい》されている人の特徴《とくちょう》は、たいていは暗い表情をして、いつも取り越《こ》し苦労、持ち越し苦労で頭を痛めている人たちだと言うことができます。

まず笑うことです。笑顔も顔施《がんせ》といって、仏教《ぶっきょう》では大切な布施《ふせ》の一つとされています。笑顔は会う人の心を明るくし、自分の心も明るくします。努力して明るく笑うことです。そのとき、仏《ほとけ》の光が入ってくるのです。

また取り越し苦労や持ち越し苦労をして幸せになった人など一人もいないのだから、よいことが必ず来ると信じて、希望を持って生きてゆくことです。

そして他人に心を向けて、他人の幸せを祝福する心を、念《ねん》を持つことです。悪霊に悩《なや》まされている人というのは、結局のところ、自分のことしか考えていない人たちなのです。努力して他人を祝福することです。その善念《ぜんねん》は必ずや自分にも返ってくるはずです。

疲《つか》れを取って〝霊力《れいりょく》〟を増す方法とは

悪霊が寄ってきやすい原因を、もう一つ、別の面から述べると、やはり、「健康生活が守れていない」ということも大きいのです。

したがって、規則正しい生活をしたり、体を休めたりすることも大事です。心正しく生きている人であっても、疲労《ひろう》しすぎると、天上界《てんじょうかい》の霊は寄ってきにくいのです。逆に、疲労していると、悪霊が寄ってきやすく、入りやすいのです。

悪霊を撃退《げきたい》するには、やはり念力《ねんりき》が要《い》ります。一定の念力を持たないと駄目《だめ》です。

また、この世的に健康生活を心掛《こころが》けることで、悪霊から身を護《まも》れることがあります。

霊力《れいりょく》を強くするようなものもあります。東洋医学の漢方薬では、ニンニク、朝鮮人参《ちょうせんにんじん》、その他、精力や霊力がつく霊薬《れいやく》が、いろいろとたくさんあります。これらは、多少は効きます。そういうものは霊的《れいてき》なエネルギーを持っているので、飲むと、パッと力が出てくることがあります。ただ、あまり長く、こんなものに頼《たよ》るのは、よくないでしょう。

肉体的に疲労しすぎていると、光が入らずに、悪いものを引きつけやすく、心を正そうとしても正せないことがあります。したがって、あまりにも疲れている場合は、まず、体のほうで健康生活を取り戻《もど》すことが大事です。休息を取り、栄養も摂《と》って、体をつくり直すことです。健康生活をつくらないと無理な場合があるのです。

このように、悪霊の憑依を避《さ》けるためには、心正しく生きることが大事ですし、健康生活も大事なのです。

仕事に夢中になれば悪霊は去っていく？

霊的なことで悩んでいる人というのは、結局、心のなかに隙《すき》があります。心に隙があると、悪霊が忍び込《こ》んできます。悩みや苦しみにとらわれ、悶々《もんもん》とした日々を送っていると、悪霊が入り込んでくるのです。

心に隙をつくらないためには、自分が最も大切にするもの、最も力を注いでいるものに没頭《ぼっとう》することが必要です。自分にとって最も価値のある仕事への没頭を心掛けるべきです。

また、悪霊の影響《えいきょう》を受けているときには、悪霊のことを考えすぎないことも大事です。そして、自分が現在しなければいけないこと、自分が今、持っている仕事を全《まっと》うしていくのです。

悪霊がいることは何の言い訳《わけ》にもなりません。他人の言葉で自分が傷ついたからといって、それが言い訳にならないのと同じです。どのような言葉を発するかは、発する人の自由ですが、それをどう受け取るかは、受け取る人の自由なのですから、他人や環境《かんきょう》のせいにしてしまわないことです。

暗い想念《そうねん》や否定的な感情のせいにせず、仕事に没頭していくことが大切です。悩んでいる暇《ひま》があれば、とにかく一歩でも二歩でも前進するのです。

人間の心は二つのことを同時には思えないようになっています。したがって、悩みに心が占領《せんりょう》されているときは、仕事に没頭することです。

例えば、毎日毎日、新しいアイデアを出していくのです。少しでもよくできないかと、日々、自らの仕事を改良し、向上しようとしている者は、やがては偉大《いだい》なる成功者となることができます。

したがって、「自分の仕事はマンネリ化したり陳腐化《ちんぷか》したりしていないか。もっとよい方法が工夫できないか。もっと自分の時間をつくり出せないか。時間をもっと有意義なことに使えないか」などと考えてみてください。

2 経典《きょうてん》に触《ふ》れるだけでも絶大な効果

経典《きょうてん》を繰《く》り返し読むことで、悪霊《あくれい》は遠ざかる

悪霊《あくれい》に憑《つ》かれている人は、要するに心の針《はり》がいつも地獄《じごく》を指しているのです。憑かれている人も、憑いている霊と同じ心であり、同じ波動《はどう》だということです。人間の心は、ラジオやテレビの受信装置と同じで、自分の心のダイヤルに合った波長のものを受信してしまうのです。

したがって、天上界《てんじょうかい》に波長を合わせれば、同時に地獄界とは波長が合わないのです。ゆえに毎日、少しでもいいから、仏法真理《ぶっぽうしんり》の書に接して、仏《ほとけ》の光を自分の心に照射させる時間をつくることです。

そのための仏法真理の書とは、幸福の科学の『仏説《ぶっせつ》・正心法語《しょうしんほうご》』『祈願文《きがんもん》』、理論書等です。これらを併《あわ》せればそうとうの分量であり、なかなか読み切れないほどです。一定の期間をおいて繰《く》り返し読めば、これらの仏法真理の書には必ず新しい発見があるはずです。

経文読誦《きょうもんどくじゅ》で、憑いている悪霊が浮《う》き出してくる

私は、「『正心法語』には功徳《くどく》がある」ということを常々説《と》いていますが、現実に、ものすごい功徳があることを実感しています。

特に、悪霊などの〝常駐《じょうちゅう》〟によって病気になっている人の場合、『正心法語』などのCDを繰り返しかけていると、ほぼ間違《まちが》いなく悪霊が浮《う》き出してきます。悪霊は、「これを習慣的にかけられるのか」と思って嫌《いや》がり、だんだん離《はな》れていくはずです。

ときには、「ＣＤをかけよう」と思い、その動作に移ろうとする瞬間《しゅんかん》に、苦しくなった悪霊が浮いて出てくることもあります。

単に『正心法語』を聴《き》くだけでは受動的ですが、さらに、そのもとになっている仏法真理を日頃《ひごろ》から勉強し、理解を深めていけば、もう一段、効果が大きくなっていきます。

3 悪霊《あくれい》退散の王道は反省の習慣

「ふと気がつけば考えていること」こそ断つべき執着《しゅうちゃく》だ

これは仏教で繰《く》り返し教えている部分ですが、悪霊《あくれい》が入ってくるのは、ほとんどが「執着《しゅうちゃく》」からです。

自分が何かに執着している、その執着の根源は三次元的なものです。この世において、「あれが欲しい。これが欲しい」と執着している部分、ここが悩《なや》みのもとになっています。発信源は、たいていの場合は、ここなのです。

したがって、「これが自分の執着なのだ」ということが分かれば、道は近いと言えます。

自分の執着とは何であるかが分からないならば、「一日のうち、あまり自覚的でないとき、ボーッとしているときに、何を考えているか」ということを振《ふ》り返ってみたらよいのです。

一日のうちに、何度も何度も、繰り返し繰り返し、心のなかに浮《う》かんでくるものがあれば、それが執着なのです。「一日のうちに、何度も何度も心のなかに去来して、ふと気がつけば、そのことを考えている」というような、心のなかのシェア（割合）が高いものです。

例えば、過去のことでも、そういうことがあります。ふと気がつけば、子供時代に父親から虐待《ぎゃくたい》されたことを思っていたり、ふと気がつけば、昔、別れた彼女《かのじょ》のことばかり考えていたり、ふと気がつけば、昔、衝突《しょうとつ》した上司のことばかり考えていたりします。

あるいは、ふと気がつけば、自分の子供のことばかり考えていたりします。

「あまり自覚的でなく、ふと気がつくと、いつも、そこのところへ考えが返ってきている。しかも、たまたま、その日一日だけではなく、毎日毎日、返ってくる」というものがあれば、それがあなたの執着なのです。

その執着には、もちろん、理想達成のためのものもあるかもしれませんが、それが、本当に理想達成のためのものであるのかどうか、単なる苦しみのもとでないのかどうか、そこを振り返る必要があります。

反省をすると長年憑依《ひょうい》していた悪霊がパリッと取れる

確かに、この世のものには、取り返しのつかないことはたくさんあります。しかし、「心のなかの事実」については取り返しがつくのです。

それが「反省」という方法です。

生まれてから今までに犯《おか》してきた、さまざまな悪は、きちんと反省をすることによって、まるで修正液で消すように、消していくことができます。たとえ、あなたが、悪いことを数多くしてきて、「自分は、もう、どうしようもない人間だ」と思っていたとしても、その「どうしようもない」と思ったところが出発点です。

そこから反省修行《しゅぎょう》をして自分自身を改めていき、それが充分《じゅうぶん》なレベルまでいったならば、その過去が帳消しになります。

人間には、仏神《ぶっしん》から、そのような偉大《いだい》な力が与《あた》えられているのです。

また、反省をしていくと、なかには、長年、自分に憑依《ひょうい》していた悪霊がパリッと取れるのを感じる人もいるでしょう。

悪霊は霊体《れいたい》なので、重さがないように思うかもしれませんが、悪霊はやはり重いものです。霊体は重みがないといっても、霊的《れいてき》感覚としては重さがあります。

それが、五年、十年、二十年と、自分に憑いているのです。

なかには、両親が持っていた悪霊を引き継いで、幼少時代から背負っている場合もあります。

ところが、反省をすると、自分にいつも憑いていた悪霊が取れるのです。取れたときに、肩《かた》や腰《こし》や背中《せなか》が、ふっと軽くなります。急にスーッと軽くなって、「重荷を下ろした」という感じがします。

悪霊が取れると、本当に軽くなり、頬《ほお》に赤みが差し、温かい光が胸にサーッと入ってきます。

これは、みなさんも味わうことのできる霊体験です。

悪霊が取れたときの爽快感《そうかいかん》。

湯上がりのような、さっぱりとした感じ。

顔に赤みが差し、心臓が軽くなり、体全体が軽くなる感じ。

この感覚を味わっていただきたいのです。

それは、十年もお風呂《ふろ》に入っていなかった人が、お風呂に入って垢《あか》を落としたような、そういうポカポカとした気分です。

これは害のない霊体験なので、ぜひ味わっていただきたいと思います。

「自分中心の考え方」を改める確実な方法とは

反省は、まとめてやるということが、ほぼ不可能です。もちろん、反省を始める最初のころには、自分の何十年かの人生を、まとめて振り返ることも必要です。しかしながら、やはり、反省は日々のものであり、少しずつ少しずつ思い出していかないと、そう簡単に完成させることができるものではないのです。

ここで、私は、この反省の方法について述べておきたいと思います。反省の方法には主として二種類があります。

一つは思いの修正です。これは、『太陽の法《ほう》』や『釈迦《しゃか》の本心』（大川隆法著、幸福の科学出版刊）にも出ていますが、「八正道《はっしょうどう》」に基《もと》づいて自分を反省してみることです。

八正道には、「正見《しょうけん》」（正しく見たか）、「正思《しょうし》」（正しく思ったか）、「正語《しょうご》」（正しく語ったか）、「正業《しょうごう》」（正しく行為《こうい》をなしたか）、「正命《しょうみょう》」（正しく生活したか）、「正精進《しょうしょうじん》」（正しく道に精進したか）、「正念《しょうねん》」（正しく念《ねん》じたか）、「正定《しょうじょう》」（正しく精神統一をしたか）、こういう項目《こうもく》が並んでいます。

それぞれは、やはり、「正しさ」というものを測るためのフィルターであり、「こういう観点に立って、自分自身の思いを修正せよ」ということです。

八正道は、なかなか難しいかもしれませんが、私は、現代的に、簡単に説明をしてあるはずです。そういうものを参考にして、よく振り返ってみていただきたいと思います。

この「正しさ」の基準を得るためのものが、実は、私が数多く出している、仏法真理《ぶっぽうしんり》の理論書なのです。これは材料として提示しているのです。これを学ぶことによって、正しさというものの姿、性質が、だんだんに見えてくるわけです。

人間心《ごころ》で正しさを探っても、そう簡単には分かりません。人間は、どうしても、自分中心の考え方をして、自分の利益中心に考えてしまうからです。自分の利益中心ではなく、やはり仏《ほとけ》の心を中心に正しさを考えねばなりません。

しかし、人間には、「仏の心とは何か」ということが具体的には分かりかねます。それゆえに、仏法真理を基準として、自《みずか》らの正しさを探究していくことが大切になります。

この正しさの探究には限りがありません。奥深《おくふか》く奥深く、どこまでもいくものです。それは、高級霊《こうきゅうれい》であったとしても努力に努力を積み重ねていることと、軌《き》を一《いつ》にすると言ってもよいでしょう。

「感謝」の心を具体的に行動で表してみよう

もう一つの方法は、具体的行為、実践《じっせん》行為です。

心の曇《くも》りというものは、例えば、「自分の欲望のままに人から与えられたい」というような思いや、「環境《かんきょう》さえよかったら」というような愚痴《ぐち》から生まれています。それゆえに、この逆の想念《そうねん》行為を起こしていくことが大事です。

それは、まず、感謝、あるいは報恩《ほうおん》です。これは具体的に大切になります。また、与える愛の実践ということでもありましょう。仏の愛を感じたら、それへの感謝を行為に表してみることです。あるいは、人の恩を感じたら、それに関して、お返しをしていくことです。

こういうことが足《た》りない人には、それなりの実践行為が必要です。「自分は心清《こころきよ》く正しく生きているのに、どうして人生が開けないのか」と思っている人も多いでしょうが、具体的実践行為が足りないのです。そういう人は、どうか、愛の実践行為、報恩の行為をしていただきたいと思います。

悪い仲間との縁《えん》を切る方法

悪いことをしても、反省によって修正が入れば、その悪を消し込《こ》むことはできます。ただ、反省は、なかなか、できるものではありません。傾向性《けいこうせい》として、ベッタリ付いてしまったものは、剝《は》げない仮面のようなものであり、そう簡単に取れるものではないのです。自分を客観視して反省ができ、それを取れる人は、そうとう立派です。なかなか、そうすることができないのです。

そういう世界から逃《に》げ出すためには、自分一人の力では、やや無理なので、まず、一定の正しい心を持った人たちの群《む》れ、集団のなかに入ることが大事です。これを仏教的には「預流《よる》」といいます。「流れに預《あず》かる」ということです。

すなわち、「悟《さと》りに向かっている人たちの集団のなかに入る」ということが、まず大事なのです。

まずは、真理を求めている、よい仲間のなかに入って、悪い縁《えん》をだんだん切っていき、周りの人のよい感化を受けながら少しずつ修行をしていくのです。

そして、人々のお役に立てるように、人助けなどに努力していきます。マイナスのことが、ずいぶん積み重なったのであれば、プラスを乗せていくように努力していくのです。そのうちに、だんだん心境は変わっていくので、反省も、ずいぶんしやすくなるでしょう。

反省をしながら、この世での菩薩行《ぼさつぎょう》を重ね、努力して功徳《くどく》を積んでいくことが大事なのです。

Column

理《り》不《ふ》尽《じん》な人生はカルマのせい？

生まれ変わりのシステムをつぶさに研究すると、どうやら人間は、この世に生まれ変わってくる前に、今世《こんぜ》の魂修行《たましいしゅぎょう》の課題とも言うべきものを明確に決めてきているらしい、ということが分かってきました。

過去の何回かの地上経験を経て生きてきたときに、その方が卒業できなかったこと、そのままでは合格ではなかったと言われるところを、同じような環境《かんきょう》においてもう一度試されることもあれば、まったく逆の環境において試されることもあります。

人間にとっていちばん衝撃的《しょうげきてき》な事実の一つとして、殺人というケースがあります。みなさんは、永い転生《てんしょう》の過程では、どこかで人を殺したことが、おそらくあるはずです。あるいは逆に、殺されたこともあるはずです。こういう転生輪廻《りんね》をしています。

そうすると、先ほど述べた生まれ変わりのシステムで、まったく逆のケースで地上に出る場合であれば、過去に人を殺したことのある方は、どこかで一度、殺されるという悲惨《ひさん》な体験を味わうことになります。その魂にとっては、「そういうことをしてはいけない」ということが、この方法以外では分からない場合に、最後の手段として、そういう生まれ変わりを経験することがあります。

ですから、知らず識《し》らずのうちに、「自分のことはかわいいが、他人はどうなってもいい」という思いでいると、人を殺すような思いさえ出して、現実にそれを実行してしまうことがありますが、そのツケは必ず返ってくることになります。

また、逆の場合もあります。ある転生の、ある人生で、ある方から殺されたという経験を持った魂が、今度は逆に、復讐《ふくしゅう》することができるような立場で生まれ変わることもあります。そのときにも、やはり試験はあります。復讐できるような立場に立ったときに、やはりその人を殺すのか、それとも、その憎《にく》しみの思いを踏《ふ》みとどまって許すのか――こういう試験をされることがあります。

もちろん、ここで復讐のために殺した場合には、相手にとってはカルマの刈《か》り取りになり、自分にとっては逆を経験するということで、そのデコボコがプラス・マイナス・ゼロで消えるわけです。しかし、そうすることができたにもかかわらず、あえて、道徳的な心から、罪を犯《おか》すことを思いとどまった場合には、そこで魂のテストが一段上の点を取ったことになって、魂の悟《さと》りが一段上《あ》がることになるのです。

なかには、身体的に不自由な方もいるだろうと思います。それは、今世だけをとってみたら、たいへん悲しいことですが、その方のライフ・リーディングをしてみると、八割から九割は、過去世《かこぜ》に原因があります。

人間は、過去の転生において、戦争や喧嘩《けんか》など、暴力行為《こうい》をたくさん経験してきています。その過程で、他の方を何らかのかたちで傷《きず》つけた経験があると、カルマの仕組みとして、まったく同じ部所のところが傷《いた》むことがあるのです。

例えば、過去世でローマ時代に生まれて、他人の眼を、くりぬいたり潰《つぶ》してしまったりするという経験をした人もいます。そうした経験をしたために、次の転生では、眼で苦労する方もいます。同じように、耳で苦労する方もいます。

あるいは、戦争で、他人の足などを刀で切って傷つけたようなときに、どこかの転生で一度、不自由な身体《からだ》で生まれることもあります。「自分の身になってみないと分からない」という人間の愚《おろ》かさゆえに、もう一度チャンスを与《あた》えられていることが多いのです。

あるいは、そのように罰《ばつ》として繰《く》り返すのみならず、自分から進んで、そういう環境に身を置く方もいます。地上時代の過《あやま》ちは過ちとして、もう充分《じゅうぶん》に反省はしているのですが、自分の良心が自分自身を許すことができずに、あえて、そういう環境や立場を選び、「どうか、私の魂を磨《みが》くために、そういう身分で、そういう立場で、そういう境遇《きょうぐう》で、生まれさせてください」とお願いして生まれてくる方も、なかにはいます。やはり、いくら反省しても反省しても、一度犯した罪というものを、自分自身で許すことができない、消すことができないので、「どうか、もう一度そういう経験をさせてください」と望む方もいます。

例えば、何らかの不注意で子供を亡くしてしまった方、あるいは、何らかの原因行為によって、病気や事故で自分の愛する人を亡くしてしまったような方は、悔恨《かいこん》の思い、後悔《こうかい》の思いというものに、どうしても堪《た》えることができなくて、次回生まれ変わってくるときに、「どうか自分を、天寿《てんじゅ》が全《まっと》うできないような境涯《きょうがい》にしてください。一度でいいですから、そういう経験をさせてください」というお願いをして生まれ変わり、病弱であったり、あるいは二十歳《はたち》を過ぎてから事故に遭《あ》ったりして、亡くなる方もいます。

そのときに、あの世で自分が、そういう計画をして生まれてきたことを忘れて、今世のみの幸・不幸を捉《とら》えて、親を恨《うら》んだり、友人や先生を恨んだり、あるいは環境を恨んだり国を恨んだりする人がいますが、これは間違《まちが》いなのです。

4 霊的《れいてき》現象は科学的精神で解明できる

霊的《れいてき》実体験をもとに〝科学的分析《ぶんせき》の目〟で導いた「地獄《じごく》に堕《お》ちない方法」

私は、霊的《れいてき》な覚醒《かくせい》を得て、宗教家の道を歩み始めて以降、さまざまな霊体験をしましたが、霊的な体験を通して最もよく分かったことは、霊的世界においては、善悪《ぜんあく》の分かれ方が、あまりにも、はっきりとしているということです。

はっきりとした善悪の区別が厳然とあるにもかかわらず、この世に生きている人たちは、善悪の基準を知らないままに生きています。これは恐《おそ》ろしいことです。

それは、まるで、幼子《おさなご》がプールサイドをよたよたと歩いているようなものであり、少し横にそれたらプールにボチャンと落ちてしまいます。この世の大勢の人は、まさに、そのような状態で生きているのです。

したがって、この世の人々に対して、善悪のけじめをきちんと教えることが必要です。

善悪のけじめを知るためには、「人間の本質は魂《たましい》であり、魂は『過去・現在・未来』を生き通しの存在であって、この世での人生修行《しゅぎょう》の内容や結果に応じて、死後の行き先が、天上界《てんじょうかい》と地獄界《じごくかい》という、二つの世界に分かれていくのだ」という根本的な真理を、まず、つかまなければいけません。

そして、霊的世界に厳然として存在する「天国・地獄」の概念《がいねん》だけではなく、「なぜ天国・地獄は分かれているのか。どのように生きれば天国に行き、どのように生きれば地獄に堕《お》ちるのか」という、現実観察、科学的な分析《ぶんせき》から、善悪の基準は導き出されなければいけないのです。

それを導き出すために、過去、私は、さまざまな霊言集《れいげんしゅう》を世に送り出し、天使や菩薩《ぼさつ》・如来《にょらい》と言われる霊人《れいじん》たちの考え方、心のあり方を教えました。

また、私は、悪霊《あくれい》や悪魔《あくま》と言われる者たちとの対決などを通じ、「悪霊や悪魔は、何ゆえに、今、悪霊、悪魔になっているのか。彼《かれ》らは、どうすれば地獄から出ることができるのか」ということを実体験的に踏《ふ》まえた上で、修行のあり方や、さまざまな教えを説《と》いてきました。

そういう霊的な裏打ちのある真理を私は説いてきたのです。霊的な裏打ちがなく、人間の頭で考えただけのものでは、永遠の真理とは言えないのです。

幸福の科学は霊界の科学

本書では、地獄に堕ちる法則と、堕ちないための方法を述べてきましたが、最後に、みなさんに知っていただきたいことは、「幸福の科学の『科学』という言葉の意味は、決して、実験を行《おこな》う科学、実証的な科学と同じではない」ということです。

それは、やはり、信仰《しんこう》の科学なのです。信じるということの科学なのです。「心の法則」という意味での科学であり、「思いというものが、どのような働きをするか」という意味での科学であり、あるいは、「この世とあの世を貫《つらぬ》いている法則とは何であるかを探究する」という意味における科学なのです。

したがって、「土を掘《ほ》れば出てくるもののように、目や耳などで確かめられるものでなければ信じられない」という科学でもありませんし、「何十回、何百回と実験を繰《く》り返しても、同じ結果が出る場合にだけ、信じられる」という科学でもありません。

私たちが立脚《りっきゃく》しているのは、もともと、見ることも聞くことも触《さわ》ることもできない世界です。そして、その見ることも聞くことも触ることもできない世界へ行って帰ってきた人は、ほとんどいません。

しかし、「その世界こそが本来の世界である。この世は仮《かり》の世であって、小さな世界であり、この世を包み込《こ》む大きな世界があるのだ」ということを私は説いています。

この世で学んだ勉強や経験だけから見れば、そのようなことを言っている人は非常におかしく見えるでしょう。そのようなことは、教わったこともないからです。

それを信じるよりは、「人類の文明は、わずか数千年ぐらい前から急に発達した」ということを信じたほうが楽でしょう。

また、「なぜか、偶然《ぐうぜん》にタンパク質のかたまりができて動き始め、なぜか、それが合体して大きくなり、なぜか、それがトカゲやカエルになったり、鳥になったり、チョウなどの昆虫《こんちゅう》になったり、あるいは、哺乳類《ほにゅうるい》になってクジラや人間になったりする」ということを信じられる人生、それでごまかせる人生のほうが、ある意味では楽かもしれません。

そういう説《せつ》は、巨大《きょだい》な世界観から見れば信じ難いものなのですが、それを信じられる〝幸福〟な人々も、現代には数多くいるのです。

これは、現代的科学という名において一種の洗脳が行われ、〝信仰〟も立っているのだということです。「化学や物理学の式で表せるものによって、すべてが証明でき、それで表せないものは存在しない」というような信仰が押《お》しつけられています。

しかし、実際は、ほとんど調べることもできないのに、「計算の上で、そうなる」「証拠《しょうこ》から、そうなる」などと言われているだけのことなのです。

「ビッグバンは、計算上、このくらいの時期に起きた」と言っても、「なぜ無《む》から有《う》（有《ゆう》）に転じたのか」という問題は、いくら物理学をひねくり回しても解決不可能です。そこから先は信仰の世界であり、仏《ほとけ》や神に関する世界なのです。

人間についても同じです。「環境《かんきょう》によって動物の肉体が変化していく」ということは、ありうることですが、そもそも、「材料をばらまいておいたら、偶然に建物ができ上がる」というようなことは、この世ではありえないのです。

それは、家を建てたことのある人なら分かるでしょう。セメント、水、砂利《じゃり》、レンガ、鉄筋《てっきん》などを広場に置いておき、百年か千年たてば、家が建つでしょうか。そんなことはありません。

家を建てるには、必ず、「家を建てよう」と思う人の設計図と、それを建てる人の努力が要《い》るのです。それがないのに、家が建つはずはありません。

したがって、人間についても、「創ろう」と意図した存在があったということ、そういう思いがあったということ、それを創ろうとする努力があったということです。それ以外にはないのです。

このように、科学の名においても、信仰を否定する科学と、この世的なるものを乗り越《こ》えようとする、もう一つ大きな「霊界の科学」とがあるのだということを、知っておいていただきたいと思います。

あとがき

真夏の幽霊になるのは、そんなに難しくない。

本書に書かれていることを参考にして地獄波動を出しながら、他人《ひと》に嫌われて生きれば、ほぼ合格（?）確実だ。

ガリレオシリーズで唯物論的殺人事件をテレビで垂れ流しているフジテレビは、他方、「幽《かす》かな彼女」も併行《へいこう》放送して、地縛霊《じばくれい》を主役級で登場させるなど、心霊《しんれい》ドラマのリアリティ化にも実に熱心だ。ドラマには、よく霊界研究したあとがうかがえる。この絶妙のバランス感覚は、まさにマスコミ界の鑑《かがみ》と言ってもよいものだろう。

これは科学か、迷信か。本書も人生の真実を考える上で、重要な手がかりとなるだろう。

――こう考えたらあなたも真夏の幽霊――とくと、「地獄の方程式」を勉強していただければと思う。

二〇一三年　六月十二日

幸福《こうふく》の科学《かがく》グループ創始者兼総裁《そうししゃけんそうさい》　大川隆法《おおかわりゅうほう》

『地獄の方程式』出典一覧

序　章　地獄の世界――知らなかったでは済まない霊的真実

地獄の〝殺戮劇〟は、今、この同じ空間で起きている！……『釈迦の本心』204〜208ページ
〝サラリーマン生活〟は憑依霊でいっぱい……『霊的生活と信仰生活　信仰と本尊について』7〜8、13〜15、19〜20、21〜22ページ※
うかつに霊視ができるようになると、精神病院行きになる人も……『宗教の挑戦』187〜188ページ
［コラム］ポルターガイスト（騒霊現象）は、強い念力を持つ霊が起こす……『宗教の挑戦』124〜126ページ

第1章　地獄の方程式――こうしてあなたも悪霊になり果てる

1　悪霊になる人の共通点

誰でも人一人くらい殺せるのに、殺さないのはなぜか……『心の挑戦』36〜40ページ
「俺が、俺が」「私が、私が」が地獄霊の口癖……『心の挑戦』155〜157ページ
「社会も悪い。家族も悪い」と言って、自分を反省できないタイプは危ない……『永遠の生命の世界』193〜195ページ
犯罪者だけが地獄に堕ちると思ったら甘い……「ザ・伝道」第25号※

「しつこい性格」の人はご用心！……『死んでから困らない生き方』82～83ページ
〝死後、悪霊になるための法則〟10……「ザ・伝道」第25号※
心の内を他人に見られても平気かどうかが運命を分ける……「ザ・伝道」第25号※

2 心のなかが地獄に通じるとどうなるか

死後、醜い動物の姿に変わり果てるのはどういう人か……『永遠の法』43～46ページ
異性に狂った人に取り憑く霊とは……『永遠の法』46～48ページ
「人の不幸は蜜の味」などと思っている人がたどる哀れな末路……『真実への目覚め』123～124ページ
誰でも簡単に〝霊能者〟になってしまう方法……『家族問題解決のヒント』26～28ページ
同じ場所で自殺が繰り返される本当の理由…『真実への目覚め』153～154ページ、「ザ・リバティ」2004年7月号「人生の羅針盤」

3 悪霊に憑依されているかどうかを見分けるポイント

夫婦喧嘩が絶えず、相手が悪く見えてしかたがないとき……『幸福への方法』32～34ページ
「尻尾や角、牙が生えても似合う顔」になったら要注意……『霊界散歩』194～197ページ
耳元でささやく声が聞こえたら悪霊が……『人生の発見』117～118ページ
「死にたい」「殺してやる」と言い出したら危険信号……『エクソシスト入門』36～38ページ
「身体が重くなって首や肩が凝る」のも憑依現象……『幸福への方法』29～31ページ

4 地獄に堕ちるときの3つのパターン
①最もひどい人は、真っ逆さまに落ちる……『信仰のすすめ』114～116ページ
②それほど罪が重くない人は、歩いて下りていく……『信仰のすすめ』116～119ページ
③悪魔の手下となった人は、悪魔に連れていかれる……『信仰のすすめ』119～121ページ
［コラム］生霊と呪いは本当に存在する……『奇跡のガン克服法』72～74ページ

第2章 悪霊たちはこう考える――決して他人事ではない六大煩悩

1 六大煩悩とは何か
「人を責める」「自己卑下に向かう」のが地獄霊の特徴……『ユートピア創造論』88～91ページ
あなたを悪霊に〝変身〟させる六大煩悩とは……『神秘の法』148～152ページ

2 貪欲《むさぼ》る
「貪」＝食欲、性欲、出世欲などを抑えられない……『悟りの挑戦（上巻）』79～80ページ
悪霊たちの迷フレーズ「貪」
■文鮮明……『宗教決断の時代』150～151、155ページ
■ジョセフ・スミス……『モルモン教霊査』85ページ
■菊池寛……『「文春」に未来はあるのか』148、98～99、100、101ページ

■金日成……『北朝鮮の未来透視に挑戦する』109ページ
「棚からぼた餅」を望むだけでも地獄に堕ちる？……『宗教選択の時代』117～118、120ページ
「あれもこれも手に入れたい」という欲が抑えられないときにはどうするか……『心の挑戦』197～199ページ
しつこい欲望を持った恋愛が、なぜ人生を狂わせるのか……『青春の原点』148～149ページ
人間はどこまで完全に欲望をなくすことができるか……『現代のエクソシスト』33～35ページ※

3
瞋《いか》る
「瞋」＝カーッとこみ上げてくる怒り……『悟りの挑戦（上巻）』81～84ページ
悪霊たちの迷フレーズ「瞋」
■吉田茂……『マッカーサー　戦後65年目の証言』103ページ
■最澄……『不成仏の原理』183、174、175、175ページ
■オサマ・ビン・ラディン……『イスラム過激派に正義はあるのか』56、57、57ページ
短気を起こして我を忘れる人は阿修羅霊に取り憑かれる……『宗教選択の時代』121、123～124ページ
人の言葉に傷ついて心に曇りをつくるタイプが危ない……『宗教選択の時代』124～126ページ
仕返しのために悪口や嘘、きれい事を言ったり、二枚舌を使っていないか……『宗教選択の時代』126～127ページ

4
無癡《わから》ず
「癡」＝病的な愚かさ……『悟りの挑戦（上巻）』86～87、88ページ

悪霊たちの迷フレーズ「癡」
■カール・マルクス……『マルクス・毛沢東のスピリチュアル・メッセージ』24、25、28、28、53、53、67、105ページ
■市川房枝……『菅直人の原点を探る』23、23ページ
■フリードリヒ・ニーチェ……『ニーチェよ、神は本当に死んだのか？』107、62〜63、101ページ
あの世を信じなかった人は、死んでも生きていると思い込む……『復活の法』28〜31ページ
死んだことに気づかないインテリの唯物論者は救えない？……『復活の法』35〜36ページ
〝思想犯〟や地位のある人は、無間地獄に隔離されてしまう……『永遠の生命の世界』63〜65、67ページ

5 慢心《おご》る

「慢」＝うぬぼれの心……『宗教選択の時代』131〜135ページ
悪霊たちの迷フレーズ「慢」
■ルシフェル……『エクソシスト入門』115、115、127、130ページ
■伊藤真乗……『宗教イノベーションの時代』147、147、200ページ
■チャールズ・ダーウィン……『進化論―150年後の真実』76〜77ページ
■ベルゼベフ……『「週刊文春」とベルゼベフの熱すぎる関係』180〜181、181、187、205ページ
成功者ほど「実は俺がやったんだ」と自慢したがる……『悟りの挑戦（上巻）』89〜91、92〜93ページ
修行者ほど「自分は悟ったのだ」と思って反省できなくなる……『悟りの挑戦（上巻）』93〜95ページ

仕事で落ちこぼれていることを認めない人は憑依されやすい……『ユートピア創造論』99〜100ページ

6 猜疑《うたが》う

「疑」＝真理を疑う心……『宗教選択の時代』135〜137ページ

悪霊たちの迷フレーズ「疑」

■松本清張……『地獄の条件―松本清張・霊界の深層海流』37、37、38、38、39、108ページ

■岸本英夫……『悲劇としての宗教学』69、100、127〜128ページ

人がみな悪人に見えるのも悪霊作用？……『仏陀の証明』303〜305ページ

「疑」と「失望」を煽って心を揺さぶるのが悪魔の常套手段……『宗教選択の時代』81〜83ページ

結局、最後は信仰が大事……『悟りの挑戦（上巻）』96〜99ページ

7 悪見《まちが》う

「悪見」＝間違った見解……『不成仏の原理』58〜60ページ

悪霊たちの迷フレーズ「悪見」

■アドルフ・ヒトラー……『国家社会主義とは何か』37、37、43、43ページ

■丸山眞男……『日米安保クライシス』64、65、65、66、108ページ

■三重野康……『平成の鬼平へのファイナル・ジャッジメント』96、114ページ

「肉体が自分」「死んだら終わり」「努力は無駄」の三つの悪見で地獄行き……『悟りの挑戦（下巻）』180、181ページ

邪教の洗脳を解く方法はあるか……『幸福供養祭特別御法話』66～69ページ※
邪教を信じて死んだ場合は供養できない？……『幸福供養祭特別御法話』69～71ページ※
[コラム] 夏目漱石の名作『こころ』に見る心の五毒……『悟りの挑戦（上巻）』99、100～101、102～104、105～107ページ

第3章　もしも悪霊に取り憑かれてしまったら――こうすれば〝真夏の幽霊〟にならずに済む

1　日常生活を見直すだけでも解決できる

暗い表情をやめて、まず明るく笑うこと……『悪霊から身を守る法』23～25ページ※
疲れを取って〝霊力〟を増す方法とは……『神秘の法』152～154ページ
仕事に夢中になれば悪霊は去っていく？……『不動心』180～182ページ

2　経典に触れるだけでも絶大な効果

経典を繰り返し読むことで、悪霊は遠ざかる……『悪霊から身を守る法』20～22ページ※
経文読誦で、憑いている悪霊が浮き出してくる……『不滅の法』137～138ページ

3　悪霊退散の王道は反省の習慣

「ふと気がつけば考えていること」こそ断つべき執着だ……『幸福の法』196～198ページ
反省をすると長年憑依していた悪霊がパリッと取れる……『超・絶対健康法』150～153ページ

「自分中心の考え方」を改める確実な方法とは……『幸福の科学とは何か』124〜126ページ
「感謝」の心を具体的に行動で表してみよう……『幸福の科学とは何か』126〜127ページ
悪い仲間との縁を切る方法……『復活の法』270〜272ページ
［コラム］理不尽な人生はカルマのせい？……『宗教選択の時代』93〜94、96〜98、99〜102ページ

4　霊的現象は科学的精神で解明できる

霊的実体験をもとに〝科学的分析の目〟で導いた「地獄に堕ちない方法」……『生命の法』174、176〜178ページ
幸福の科学は霊界の科学……『神秘の法』317〜322ページ

※は、宗教法人幸福の科学刊。書店では取り扱っておりませんので、詳しくは左記までお問い合わせください。

【幸福の科学サービスセンター】tel 03−5793−1727
（受付時間　火〜金／10時〜20時　土・日／10時〜18時）

地獄《じごく》の方程式《ほうていしき》 ――こう考えたらあなたも真夏の幽霊――

2013年6月19日　初版第1刷

著　者　大《おお》川《かわ》隆《りゅう》法《ほう》

発行所　幸福の科学出版株式会社
〒107-0052 東京都港区赤坂2丁目10番14号
TEL(03)5573-7700
http://www.irhpress.co.jp/

印刷・製本　株式会社 堀内印刷所

落丁・乱丁本はおとりかえいたします

ISBN978-4-86395-347-5 C0090
カバー写真：© SeanPavonePhoto-Fotolia.com
表紙写真：© RoyStudio-Fotolia.com © EtiAmmos-Fotolia.com
本文写真：© SSilver-Fotolia.com

◆大川隆法ベストセラーズ

希望の未来を創るために

「心の力」を目覚めさせるための秘密が明かされる。

未来の法

新たなる地球世紀へ

2,000円

生きている間に読みたい霊界案内の決定版。

永遠の法

エル・カンターレの世界観

2,000円

表示価格は本体価格(税別)です

◆大川隆法ベストセラーズ

オカルトパワーを引き出す

「霊界」、「奇跡」、「宇宙人」――。
物質文明が封じ込めてきた
不滅の真実が明かされる。

不滅の法

宇宙時代への目覚め

2,000円

読み出したら
あなたの「常識」が１時間で
崩壊する。

第46回ヒューストン国際映画祭 スペシャル・
ジュリー・アワード受賞 映画「神秘の法」原作本

神秘の法

次元の壁を超えて

1,800円

幸福の科学出版刊

世界に影響を与えた あの人の「いま」は？

死後の行き先

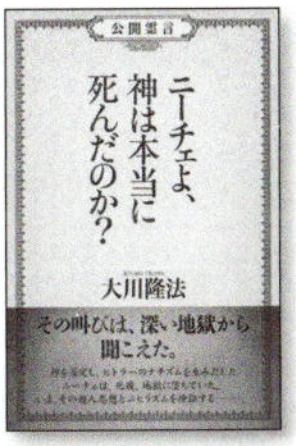

神を否定し、
ヒトラーのナチズムを
生み出した
ニーチェの叫び。

ニーチェよ、神は本当に死んだのか？

1,400 円

驚愕の
金日成の霊界での姿！

北朝鮮の
未来透視に挑戦する

エドガー・ケイシー・
リーディング

1,400 円

世界を席巻した
〝思想〟の本質に迫る。

マルクス・毛沢東の
スピリチュアル・
メッセージ

衝撃の真実

1,500 円

死後ヒトラーは
どこで
何をしているのか？

国家社会主義とは何か

公開霊言 ヒトラー・菅直人守護霊・
胡錦濤守護霊・仙谷由人守護霊

1,500 円

死後の
ダーウィンが認めた
「進化論」の矛盾とは？

進化論
—150年後の真実

ダーウィン／ウォーレスの霊言

1,400 円

幸福の科学出版刊

幸福の科学グループのご案内

宗教、教育、政治、出版などの活動を通じて、地球的ユートピアの実現を目指しています。

宗教法人　幸福の科学

一九八六年に立宗。一九九一年に宗教法人格を取得。信仰の対象は、地球系霊団の最高大霊、主エル・カンターレ。世界百カ国以上の国々に信者を持ち、全人類救済という尊い使命のもと、信者は、「愛」と「悟《さと》り」と「ユートピア建設」の教えの実践、伝道に励んでいます。

（二〇一三年五月現在）

愛

幸福の科学の「愛」とは、与える愛です。これは、仏教の慈悲《じひ》や布施《ふせ》の精神と同じことです。信者は、仏法真理をお伝えすることを通して、多くの方に幸福な人生を送っていただくための活動に励んでいます。

悟り

「悟り」とは、自らが仏の子であることを知るということです。教学《きょうがく》や精神統一によって心を磨き、智慧《ちえ》を得て悩みを解決すると共に、天使・菩薩《ぼさつ》の境地を目指し、より多くの人を救える力を身につけていきます。

ユートピア建設

私たち人間は、地上に理想世界を建設するという尊い使命を持って生まれてきています。社会の悪を押しとどめ、善を推し進めるために、信者はさまざまな活動に積極的に参加しています。

国内外の世界で貧困や災害、心の病で苦しんでいる人々に対しては、現地メンバーや支援団体と連携して、物心両面にわたり、あらゆる手段で手を差し伸べています。

年間約３万人の自殺者を減らすため、全国各地で街頭キャンペーンを展開しています。

公式サイト **www.withyou-hs.net**

ヘレン・ケラーを理想として活動する、ハンディキャップを持つ方とボランティアの会です。視聴覚障害者、肢体不自由な方々に仏法真理を学んでいただくための、さまざまなサポートをしています。

公式サイト **www.helen-hs.net**

INFORMATION

お近くの精舎・支部・拠点など、お問い合わせは、こちらまで！

幸福の科学サービスセンター

TEL. 03-5793-1727 （受付時間 火〜金：10〜20時／土・日：10〜18時）

宗教法人 幸福の科学 公式サイト **happy-science.jp**

教育

学校法人 幸福の科学学園

学校法人 幸福の科学学園は、幸福の科学の教育理念のもとにつくられた教育機関です。人間にとって最も大切な宗教教育の導入を通じて精神性を高めながら、ユートピア建設に貢献する人材輩出を目指しています。

幸福の科学学園

中学校・高等学校（那須本校）
2010年4月開校・栃木県那須郡（男女共学・全寮制）
TEL **0287-75-7777**
公式サイト **happy-science.ac.jp**

関西中学校・高等学校（関西校）
2013年4月開校・滋賀県大津市（男女共学・寮及び通学）
TEL **077-573-7774**
公式サイト **kansai.happy-science.ac.jp**

幸福の科学大学（仮称・設置認可申請予定）
2015年開学予定
TEL **03-6277-7248**（幸福の科学 大学準備室）
公式サイト **university.happy-science.jp**

仏法真理塾「サクセスNo.1」
小・中・高校生が、信仰教育を基礎にしながら、「勉強も『心の修行』」と考えて学んでいます。
TEL **03-5750-0747**（東京本校）

不登校児支援スクール「ネバー・マインド」
心の面からのアプローチを重視して、不登校の子供たちを支援しています。
また、障害児支援の「**ユー・アー・エンゼル!**」運動も行っています。
TEL **03-5750-1741**

エンゼルプランV
幼少時からの心の教育を大切にして、信仰をベースにした幼児教育を行っています。
TEL **03-5750-0757**

NPO 活動支援

学校からのいじめ追放を目指し、さまざまな社会提言をしています。また、各地でのシンポジウムや学校への啓発ポスター掲示等に取り組むNPO「いじめから子供を守ろう！ネットワーク」を支援しています。

公式サイト **mamoro.org**
相談窓口 **TEL.03-5719-2170**
ブログ **mamoro.blog86.fc2.com**

政治

幸福実現党

内《ない》憂《ゆう》外《がい》患《かん》の国難に立ち向かうべく、二〇〇九年五月に幸福実現党を立党しました。創立者である大川隆法党総裁の精神的指導のもと、宗教だけでは解決できない問題に取り組み、幸福を具体化するための力になっています。

党員の機関紙
「幸福実現NEWS」

TEL 03-6441-0754
公式サイト hr-party.jp

出版 メディア 事業

幸福の科学出版

大川隆法総裁の仏法真理の書を中心に、ビジネス、自己啓発、小説など、さまざまなジャンルの書籍・雑誌を出版しています。他にも、映画事業、文学・学術発展のための振興事業、テレビ・ラジオ番組の提供など、幸福の科学文化を広げる事業を行っています。

TEL 03-5573-7700
公式サイト irhpress.co.jp

入会のご案内

あなたも、幸福の科学に集い、
ほんとうの幸福を
見つけてみませんか?

幸福の科学では、大川隆法総裁が説く仏法真理をもとに、
「どうすれば幸福になれるのか、また、
他の人を幸福にできるのか」を学び、実践しています。

入会

大川隆法総裁の教えを信じ、学ぼうとする方なら、どなたでも入会できます。入会された方には、『入会版「正心法語」』が授与されます。(入会の奉納は1,000円目安です)

ネットでも**入会**できます。詳しくは、下記URLへ。
happy-science.jp/joinus

三帰《さんき》誓願《せいがん》

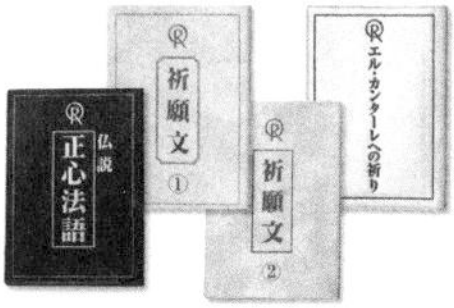

仏弟子としてさらに信仰を深めたい方は、仏・法・僧の三宝への帰依を誓う「三帰誓願式」を受けることができます。三帰誓願者には、『仏説・正心法語』『祈願文①』『祈願文②』『エル・カンターレへの祈り』が授与されます。

植福《しょくふく》の会

植福は、ユートピア建設のために、自分の富を差し出す尊い布施の行為です。布施の機会として、毎月1口1,000円からお申込みいただける、「植福の会」がございます。

「植福の会」に参加された方のうちご希望の方には、幸福の科学の小冊子(毎月1回)をお送りいたします。詳しくは、下記の電話番号までお問い合わせください。

月刊「幸福の科学」

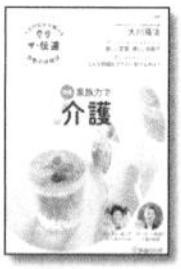

ザ・伝道

ヤング・ブッダ

ヘルメス・エンゼルズ

INFORMATION
幸福の科学サービスセンター
TEL. **03-5793-1727** (受付時間 火~金:10~20時/土・日:10~18時)
宗教法人 幸福の科学 公式サイト **happy-science.jp**